Wolfgang
Uhlig

STILLEBEN

Lehrerheft

Ernst Klett Schulbuchverlag
Stuttgart Düsseldorf Berlin Leipzig

Dieses Lehrerheft bezieht sich auf das Schüler-Arbeitsheft für die Oberstufe des Gymnasiums:
Stilleben
Theorie und Entwicklung der europäischen Stillebenmalerei
von Wolfgang Uhlig
Best.-Nr. 205991

Bildnachweis: Max Beckmann und Georges Braque: © VG Bild-Kunst, Bonn, 1987
Markus Lüpertz, Berlin
Julius Bissier und René Magritte: © Cosmopress, Genf, 1987

Zum Arbeitsheft „Stilleben" erscheint eine Dia-Serie mit 24 Bildbeispielen und Begleitheft in Verbindung mit dem Vista Point Verlag, Köln
Best.-Nr. 20601

Gedruckt auf Recyclingpapier,
hergestellt aus 100 % Altpapier.

1. Auflage 1 7 6 5 4 3 | 1999 98 97 96 95

Alle Drucke dieser Auflage können im Unterricht nebeneinander benutzt werden, sie sind untereinander unverändert. Die letzte Zahl bezeichnet das Jahr dieses Druckes.

Fotosatz: Steffen Hahn GmbH, Kornwestheim
Druck: Gutmann, 74388 Talheim
ISBN 3-12-206020-5

Inhalt

Vorwort

Das Thema „Stilleben“ ist für den Kunstunterricht, vor allem der gymnasialen Oberstufe, nicht nur in künstlerisch-praktischer Hinsicht äußerst ergiebig, sondern gewährt als „Spiegel menschlichen Lebens“ viele Einblicke in geistes- und kulturgeschichtliche Phänomene von der Antike bis ins 20. Jahrhundert.

Das *Arbeitsheft* über die Malerei des Stillebens (Best.-Nr. 205991) stellt ganz bewußt – neben der Begriffsbestimmung, Wertschätzung, Entstehung und Entwicklung dieser Bildgattung – das *einzelne,* für die jeweilige Zeit typische *Kunstwerk* in den Mittelpunkt der reflektierenden Betrachtung. Die Texte zu den Abbildungen stammen von namhaften Kunsthistorikern. Sie sind zum einen nach der Vielfalt möglicher künstlerischer Fragestellungen und kunstgeschichtlicher Interpretationen zusammengestellt, zum anderen nach der für Schüler nötigen Verständlichkeit ausgewählt. Das Heft trägt dazu bei, daß Schüler, Stilleben richtig ansprechen, analysieren und interpretieren können.

Bei der Auswahl der exemplarischen Bildbeispiele wurde darauf geachtet, möglichst Motive aus solchen Museen heranzuziehen, die im Rahmen einer ein- oder mehrtägigen Studienfahrt erreicht werden können, um die Besichtigung des eines oder anderen Originals anzuregen.

Dieses *Lehrerheft* ist in zwei größere Abschnitte gegliedert, in *„Methodische Hinweise“* und *„Zusätzliche Materialien“.* Es wird zudem durch ein Glossar und ausgewählte Literatur zum gegebenen Thema abgerundet. Die „Methodischen Hinweise“ umfassen eine allgemeingehaltene Anweisung zur Bildbetrachtung in der Schule, eine Zeittafel, Künstlerkurzbiographien mit einer knappen Werkauswahl sowie Leitfragen für diejenigen Lehrer, die sich in das neue Stoffgebiet einarbeiten möchten oder Hilfen für Aufgabenstellungen suchen. Die reichen „Materialien“ zur Stillebenmalerei befassen sich im ersten Teil mit allgemeinen Fragen, im zweiten Teil werden spezielle Aspekte von den Anfängen europäischer Kunst bis ins 20. Jahrhundert beleuchtet.

1 Chronologische Übersicht über die im Arbeitsheft (AH) abgebildeten Stilleben

Epoche	Deutschland	Niederlande: Flandern	Niederlande: Holland
Antike			
Frühes Mittelalter, Ottonische Kunst	Codex Aureus Epternacensis, um 1030 (AH Bild 2)		
Gotik	Kölner Meister, um 1330 (AH Bild 3)		
Spätmittelalter, Frührenaissance		van der Goes, 1474/75 (AH Bild 4)	
Hochrenaissance	Dürer, 1503 (AH Bild 5)		
Manierismus		Aertsen, 1552 (AH Bild 7)	
Barock	Flegel, 1635 (AH Bild 13) Hinz, 1666 (AH Bild 14)	Snyders, um 1620 (AH Bild 12)	Bosschaert, um 1620 (AH Bild 9) Claesz, 1634 (AH Bild 10) Kalf, 1662 (AH Bild 11)
(Bürgerliches) Rokoko			
Kunst um 1800			
Realismus			
Impressionismus			
Nachimpressionismus			
Frühexpressionismus			
Fauvismus			
Kubismus			
Neue Sachlichkeit	Hubbuch, 1925 (AH Bild 28)		
Tendenzen nach dem Zweiten Weltkrieg			
Neue Entwicklungen	Stockhus, 1981 (AH Bild 32) Hödicke, 1983 (AH Bild 31) Werbung (AH Bild 33) Trivialkunst (AH Bild 34)		

Italien	Frankreich	Spanien	Amerika	Epoche
Glaskrug mit Pfirsichen, v. 79 n. Chr. (AH Bild 1)				Antike
				Frühes Mittelalter, Ottonische Kunst
				Gotik
				Spätmittelalter, Frührenaissance
Barbari, 1504 (AH Bild 6)				Hochrenaissance
Arcimboldo, nach 1587 (AH Bild 8)				Manierismus
Caravaggio, vor 1600 (AH Bild 15)	Baugin, Mitte 17. Jh. (AH Bild 17)	Sánchez Cotán, n. 1600 (AH Bild 16)		Barock
	Chardin, um 1760 (AH Bild 18)			(Bürgerliches) Rokoko
		Goya, um 1808/12 (AH Bild 19)		Kunst um 1800
	Courbet, 1855 (AH Bild 20)			Realismus
	Manet, 1880 (AH Bild 21)			Impressionismus
	Cézanne, 1880/90 (AH Bild 23)			Nachimpressionismus
	van Gogh, 1889 (AH Bild 22)			Frühexpressionismus
	Matisse, 1911 (AH Bild 24)			Fauvismus
	Picasso, 1908 (AH Bild 25) Braque, 1910 (AH Bild 26) Gris, 1920 (AH Bild 27)			Kubismus
				Neue Sachlichkeit
Morandi, 1956 (AH Bild 29)			Warhol, 1962 (AH Bild 30)	Tendenzen nach dem Zweiten Weltkrieg
				Neuere Entwicklungen

2 Methodische Hinweise zum Arbeitsheft

2.1 Einleitung: Kunstbetrachtung in der Schule

Drei Schritte bieten sich an, die, als W-Fragen formuliert, dem Schüler den Zugang zu Kunstwerken erleichtern.
Die erste Frage lautet: „Was ist dargestellt?", die zweite: „Wie ist es dargestellt?" und die dritte: „Warum ist es dargestellt?"
Die Frage nach dem „WAS" benennt und beschreibt die Bildgegenstände. Die Frage nach dem „WIE" untersucht die künstlerischen Materialien und Mittel in der Form- oder Strukturanalyse. Die letzte Frage, nach dem „WARUM", deutet die Bildgegenstände und gibt in unterschiedlichen Interpretationsansätzen die inhaltliche Dimension des Kunstwerks an. Die formale Analyse untersucht (Mal-)Material, Form, Farbe, Hell-Dunkel (Licht und Schatten), Figur-Grund-Verhältnis (Raum) und die ordnenden Beziehungen der bildnerischen Elemente untereinander. Der Sinn eines Kunstwerks kann entweder in der Verbindung von Bildbeschreibung und Formanalyse sofort verstanden oder aber erst durch weitere Zusatzinformationen gewonnen werden. Hierzu gehören biographische Hinweise, historisch-gesellschaftliche Gegebenheiten und eine gewisse Systematisierung der Stilrichtungen (Kunstgeschichte).
Faßt man das Kunstwerk als ein Zeichen auf und folgt den Vorschlägen der Semiotik, so ergibt sich folgende Erweiterung: Die Beziehungen zwischen Bildzeichen und realem Objekt verfolgt die Semantik, das Kunstwerk als formales Gefüge ist Gegenstand syntaktischer Erörterungen, während der pragmatische Aspekt des Zeichens dessen Funktion und Zweck angibt. Die Begrifflichkeit der Zeichenlehre hilft auch die Zusammenhänge von Künstler, Kunstwerk und Betrachter schärfer zu sehen. Das Kunstwerk ist Medium, d. h. Träger bestimmter Nachrichten, die der Künstler dem Betrachter mitteilen will. Beide, Produzent wie Konsument, sind – und dies sei betont – an diesem Kommunikationsprozeß aktiv beteiligt, beide bringen individuelle Aspekte, historisch-gesellschaftliche und lokale Fakten ins Bild ein: der Künstler beim Entstehungs-, der Betrachter beim Rezeptionsprozeß.
Bildbeschreibung und Formanalyse sind im Kunstunterricht gängige und grundlegende Verfahren zur Erarbeitung von Bildinhalten. Demgegenüber können die Methoden der Ikonographie und Ikonologie, der Kunstsoziologie, -geographie, -psychologie und Kunstphilosophie sowie die Rezeptionsgeschichte von Kunstwerken im Schulalltag nur punktuell und propädeutisch gehandhabt werden. Schließlich bezieht Kunstgeschichte als wissenschaftliche Disziplin in umfassender Weise Gegenstandsbestimmung, Gegenstandssicherung und Gegenstandsdeutung ästhetischer Objekte ein. Die Schule sollte sich aber sinnvollerweise auf den Aspekt der zeitlichen Zuordnung des Einzelwerks zu Werkgruppen, von Personal-, Epochen- und Regionalstilen beschränken. Damit ergibt sich folgendes Schema einer Kunst-/Werkbetrachtung (wobei die Reihenfolge der einzelnen Schritte variabel bleiben soll):

KUNSTBETRACHTUNG

„Was?" – *Bildbeschreibung*
„Wie?" – *Analyse* von: (Mal-) Material, Form, Farbe, Hell-Dunkel, Figur-Grund-Verhältnis, Komposition
„Warum?" – *Interpretation:* werkimmanent, biographisch, historisch-gesellschaftlich, kunstgeschichtlich

2.2 Künstlerkurzbiographien, Werkbeispiele, Leitfragen

Zu Bild 1 (AH):
Glaskrug mit Pfirsichen. Vor 79 n. Chr. Fresko, 34 x 35 cm. Neapel, Nationalmuseum

Kurzcharakterisierung:
Für die Wandmalerei überliefern die Vesuvstädte Pompeji, Herculaneum, Stabiae und

Oplontis die reichste und kontinuierlichste Übersicht vom 2. Jahrhundert v. Chr. bis in die Zeit des Untergangs 79 n. Chr. Zahlreiche Stilleben, oft auch im Zusammenhang mit einer mythologischen Szene, haben sich erhalten.

Werkbeispiele:
Muscheln, Hummer, Vase und Vogel (vor 79 n. Chr.; Nationalmuseum Neapel); Schale mit Früchten und Vasen (vor 79 n. Chr.; Nationalmuseum Neapel); zwei hängende tote Vögel (vor 79 n. Chr.; Nationalmuseum Neapel).

Leitfragen:
– Im Text zu Bild 1 (AH) wird von Naturalismus gesprochen. Welche Bildqualitäten sind damit gemeint?
– Suchen Sie Vergleichsbeispiele, die eine ähnliche Auffassung wiedergeben, und suchen Sie Vergleichsbeispiele, die sich stark unterscheiden. Begründen Sie Ihre Wahl.
– Zählen Sie Motive auf, die sich zum Ausschmücken von Speisezimmern und Vorratskammern eignen. Stellen Sie diese zu Motivgruppen mit einem übergeordneten Begriff zusammen.

Zu Bild 2 (AH):
Codex Aureus Epternacensis. Das Gleichnis vom reichen Prasser und vom armen Lazarus. Um 1030. Kalbspergament, 44,5 x 31,0 cm. Nürnberg, Germanisches Nationalmuseum

Kurzcharakterisierung:
Codex Aureus ist die allgemeine Bezeichnung für eine mittelalterliche Prachthandschrift mit goldenen Buchstaben oder einem goldenen Einbanddeckel. Besonders bekannt ist der Codex Aureus der Echternacher Klosterschreibschule aus ottonischer Zeit (um 1030).

Weitere Bildseiten:
Bildseite mit der Geburt Christi (Fol. 18 v); Bildseite mit der Kindheit Christi (Fol. 19 r); Bildseite mit Szenen aus dem Leben Christi (Fol. 20 r).

Leitfragen:
– Die Kunst des Mittelalters wird als didaktisch bezeichnet. Belegen Sie diese Behauptung an AH Bild 2, 3 und 4.
– Kennen Sie weitere ähnliche Beispiele (Kirche, Museum)?

Zu Bild 3 (AH):
Kölner Meister: Verkündigung. Um 1330. Eichenholz, 42 x 34,5 cm. Köln, Wallraf-Richartz-Museum

Kurzcharakterisierung:
Diese Tafel mit der Darstellung einer Verkündigung war einst wohl Teil eines Flügelaltärchens. Stilistisch gehört sie einer in und um Köln lokalisierten „Malerschule“ an, die sich von ungefähr 1300 bis ins 16. Jahrhundert verfolgen läßt.

Leitfragen:
– Welche inhaltliche Funktion besitzen die Gegenstände in AH Bild 3 (Vase mit Blume) und AH Bild 1 (Glaskrug und Früchte)?
– Beschreiben und deuten Sie den formalen und inhaltlichen Wandel von „Vase mit Lilie“ (AH Bild 3) über das „Blumenstilleben“ (AH Bild 4) zum „Rasenstück“ (AH Bild 5).

Zu Bild 4 (AH):
Hugo van der Goes: Blumenstilleben. Detail aus der Mitteltafel des Portinari-Altars. 1474/75. Öl auf Holz. Florenz, Uffizien

Hugo van der Goes [xu:s]
Geboren um 1440 in Gent, gestorben 1482 im Kloster Roodendale bei Brüssel.
Hugo van der Goes ist neben Rogier van der Weyden der bedeutendste niederländische Meister seit Jan van Eyck; er besuchte in seiner Jugend wahrscheinlich Italien, wurde 1467 Meister in Gent und lebte seit 1475, zeitweise geistig umnachtet, im Kloster Roodendale. Seine Werke zeichnen sich durch Feinheit der Einzelbeobachtung und Ernst des menschlichen Ausdrucks aus. Er bringt eine völlig neue Kraft und Körperlichkeit, eine neuartige Freiheit des Räumlichen und eine vorher nicht gekannte Intensität der Bewegungen.

Werkbeispiele:
Diptychon mit Sündenfall (Wien, Kunsthistorisches Museum); Anbetung der Könige (Montforte-Altar) (Berlin, Staatliche Museen)

Leitfragen:
– Zählen Sie realistische Motive in der Mitteltafel des Portinari-Altars auf, und suchen Sie nach weiteren versteckten christlichen Symbolen.
– Haben Blumen heute noch symbolhafte Bedeutung? Wie kommt es zur Herausbildung eines Symbols?

Zu Bild 5 (AH):
Albrecht Dürer. Das Große Rasenstück. 1503. Aquarell (und Deckfarben); 40,3 x 31,1 cm. Wien, Graphische Sammlung Albertina

Albrecht Dürer
Geboren 1471 in Nürnberg, gestorben 1528 in Nürnberg.
Albrecht ist Sohn des Goldschmieds Albrecht Dürer, bei dem er bis 1486 lernte, bis er zu Michael Wolgemut in die Lehre ging. 1490 ging er auf Wanderschaft, die ihn an den Oberrhein, nach Basel und Straßburg führte. 1494 kehrte er nach Nürnberg zurück. Im Herbst dieses Jahres trat er seine erste italienische Reise an, an die sich 1505/06 die zweite anschloß. Seit 1512 bekam er zahlreiche Aufträge für Kaiser Maximilian. Berühmt war Albrecht Dürer sowohl als Maler, Zeichner, Stecher, Radierer und Reißer für den Holzschnitt wie auch als Kunsttheoretiker.

Werkbeispiele:
Iris (um 1500; Bremen, Kunsthalle); Hirschkäfer (1505; Malibu, The J. Paul Getty Museum); Blaurackenflügel (1512; Wien, Graphische Sammlung Albertina); Tote Blauracke (1512, Wien, Graphische Sammlung Albertina).

Leitfragen:
– Was versteht man unter einer Naturstudie?
– Welche Arten von Studien kennen Sie noch?
– Analysieren und deuten Sie die Raumdarstellung des Mittelalters (AH Bild 3), der Renaissance (AH Bild 6), des Barock (AH Bild 9), des 19. Jahrhunderts (AH Bild 20), des 20. Jahrhunderts (AH Bild 24, 26).

Zu Bild 6 (AH):
Jacopo de'Barbari: Stilleben. 1504. Holz, 50 x 42,5 cm. München, Alte Pinakothek

Jacopo de'Barbari
Geboren um 1440 in Venedig, gestorben vor 1515 in Brüssel (?).
Barbari lebte bis 1500 in Venedig, stand dann im Dienst mehrerer deutscher Fürsten, war seit 1510 in Brüssel Hofmaler der Herzogin Margarete von Österreich. Er vermittelte zwischen italienischer und deutscher Kunst und beeinflußte auch A. Dürer.

Werkbeispiele:
Maria mit der Hl. Barbara, Johannes d. T. und der Stifterin (Berlin, Staatliche Museen); Ansicht von Venedig (1500; Venedig, Museo Correr).

Leitfragen:
– Erklären Sie den Begriff „Trompe-l'œil".
– Auf welche Vorbilder hat der Renaissancekünstler Barbari zurückgegriffen?
– Wo ist sein Einfluß auf Dürer besonders deutlich?

Zu Bild 7 (AH): Pieter Aertsen: Christus bei Maria und Martha. 1552. Öl auf Holz, 60 x 101,5 cm. Wien, Gemäldegalerie

Pieter Aertsen ['a:rtsə]
Geboren 1507 oder 1508 in Amsterdam, gestorben 1575 in Amsterdam.
Um 1530 ging er nach Antwerpen, wurde hier Meister und erhielt 1542 das Bürgerrecht. 1556 Rückkehr nach Amsterdam. Aertsen malt vor allem Markt- und Küchenstücke, die im Hintergrund religiöse Szenen einbeziehen.

Werkbeispiele:
Fleischerbude (1551; Uppsala, Sammlung der Universität); Christus und die Ehebrecherin (1559; Frankfurt a. M., Städelsches Kunstinstitut); Die Köchin (1559; Brüssel, Musées Royaux des Beaux-Arts).

Leitfragen:
– Im Lukasevangelium (10,38–42) ist zu lesen: „Es begab sich aber, da sie weiterzogen, kam er in ein Dorf. Da war eine Frau mit Namen Martha, die nahm ihn auf in ihr Haus.
Und sie hatte eine Schwester, die hieß Maria; die setzte sich zu Jesu Füßen und hörte seiner Rede zu.
Martha aber machte sich viel zu schaffen, ihm zu dienen. Und sie trat hinzu und sprach: Herr, fragst du nicht danach, daß mich meine Schwester läßt allein dienen? Sage ihr doch, daß sie es auch angreife!
Der Herr aber antwortete und sprach zu ihr: Martha, Martha, du hast viel Sorge und Mühe.
Eins aber ist not: Maria hat das gute Teil erwählt; das soll nicht von ihr genommen werden."
– Welchen Bezug stellt Pieter Aertsen in diesem Bild zwischen Figuren und Dingen her?
– Vergleichen Sie die Bedeutung der Stilleben in den Bildern 2, 4, 7 (AH). Begründen Sie auf inhaltliche und formale Weise.

Zu Bild 8 (AH):
Giuseppe Arcimboldo: Stilleben (Umkehrbild). Nach 1587. Öl auf Holz, 35 x 24 cm. Cremona, Museum

Giuseppe Arcimboldo
Geboren 1527 in Mailand, gestorben 1593 in Mailand.
In Mailand wurde Arcimboldo ausgebildet und arbeitete hier bis 1552. Seit 1562 war er Hofmaler bei Rudolf II. in Prag, bei Kaiser Ferdinand und bei Kaiser Maximilian. Vor allem wurde Arcimboldo bekannt durch seine allegorischen Porträts.

Werkbeispiele:
Der Sommer (1563; Wien, Kunsthistorisches Museum); Das Wasser (1566; Wien, Kunsthistorisches Museum); Der Bibliothekar (Skokloster bei Uppsala).

Leitfragen:
– Manchmal wird in der Literatur von der „surrealistischen Bildwelt" Arcimboldos gesprochen. Was ist daran treffend, was unzutreffend? Finden Sie einen präziseren Begriff für „surrealistisch"!
– Wie unterscheidet sich Arcimboldos Sicht der Dingwelt (Manierismus) von derjenigen des Renaissancekünstlers?
– Allegorie, Symbol, Attribut. – Klären Sie diese Begriffe im Zusammenhang mit Arcimboldos „Umkehrbild", Hugo van der Goes „Blumenstrauß" (AH Bild 4) und der Lilie in der Verkündigungsszene von AH Bild 3.

Zu Bild 9 (AH):
Ambrosius Bosschaert: Blumenstück. Um 1620. Öl auf Holz, 64 x 46 cm. Den Haag, Mauritshuis

Ambrosius Bosschaert d. Ä. [bosx'a:rt]
Geboren 1573 in Antwerpen, gestorben 1621 in Den Haag.
Von 1593 bis 1615 war Bosschaert in Middelburg tätig, danach in Bergen op Zoom und 1616 in Utrecht. Hier wurde er in die St.-Lukas-Gilde aufgenommen. In Middelburg war Bosschaert auch als Kunsthändler tätig. Mit seinen Blumenstücken, in denen seltene Exemplare erscheinen, übte Bosschaert einen nachhaltigen Einfluß auf die Middelburger Malerei aus.

Werkbeispiele:
Blumenglas in einer Nische (Kopenhagen, Statens Museum for Kunst); Blumenstrauß (Stockholm, Nationalmuseum); Blumenstrauß (Wien, Kunsthistorisches Museum).

Leitfragen:
– Benennen Sie die Blumen. Welcher Jahreszeit gehören sie an? Ziehen Sie aus Ihrer Beobachtung Konsequenzen für die Bildbedeutung.
– Vergleichen Sie die Naturauffassung des Barock mit der Renaissance in den Stilleben von Bosschaert (AH Bild 9) und Dürer (AH Bild 5).

Zu Bild 10 (AH):
Pieter Claesz: Vanitas-Stilleben mit Nautiluspokal. 1634. Öl auf Holz, 47 x 61 cm. Münster, Westfälisches Landesmuseum

Pieter Claesz [kla:s]
Geboren 1597 oder 1598 in Burgsteinfurt (Westfalen), gestorben 1661 in Haarlem.
1617 lebte Claesz in Haarlem, wo er wohl zeitlebens ansässig blieb. Seine Werke sind vor allem in die Zeit zwischen 1621 und 1660 zu datieren. Seine Gemälde, die zunächst sehr reich ausgestattet sind, werden ab 1630 immer schlichter. Sein Stoffgebiet umfaßt Frühstücksstilleben und Vanitasdarstellungen. Zusammen mit Claesz Heda gilt er als Hauptbegründer und Vertreter der „monochromen Banketjes".

Werkbeispiele:
Stilleben mit brennender Kerze (1627; Den Haag, Mauritshuis); Stilleben mit Tonpfeifen und Kohlebecken (1636; Leningrad, Staatliche Eremitage); Frühstücksstilleben mit Silberpokal (Karlsruhe, Staatliche Kunsthalle).

Leitfragen:
– Wägen Sie die beiden Thesen der „Selbstdarstellung des reichen Bürgertums" und der „moralisierenden Bildersprache" gegeneinander ab. Finden Sie Anhaltspunkte, durch welche sich diese Thesen stützen lassen?
– Beschreiben Sie durch Vergleich mit AH Bild 2 die inhaltlichen Ähnlichkeiten und formalen Unterschiede zwischen Mittelalter und Barock.
– Was versteht man unter einem „monochromen" Stilleben?

Zu Bild 11 (AH):
Willem Kalf: Stilleben mit chinesischer Zuckerdose, Gläsern und Früchten. 1662. Öl auf Leinwand, 64 x 53 cm. Berlin, Staatliche Museen Preußischer Kulturbesitz, Gemäldegalerie

Willem Kalf
Geboren 1619 in Rotterdam, gestorben 1693 in Amsterdam.
Seit 1653 ist Kalf in Amsterdam nachzuweisen, nachdem er vorher längere Zeit in Paris verbracht hatte und 1646 nach Rotterdam zurückgekehrt war. Bis 1663 sind datierte Bilder dieses Künstlers nachzuweisen. Danach scheint er nur noch wenig gearbeitet zu haben, da er viel als Kunsthändler tätig war. Bekannt war er hauptsächlich als Maler von Bauerninterieurs und von Stilleben mit kostbaren Gegenständen.

Werkbeispiele:
Stilleben mit Prunkgefäßen (1643; Köln, Wallraf-Richartz-Museum); Stilleben mit großem Römer, Glaspokal und Orange (1659; Bremen, Kunsthalle); Stilleben mit Nautiluskelch (1662; Castagnola-Lugano, Sammlung Thyssen-Bornemisza); Stilleben mit Meerschnecken (Zürich, Kunsthaus).

Leitfragen:
– Für Stilleben solchen Typs wurde der Begriff „Prunkstilleben" geprägt. Versuchen Sie, eine Erklärung mit eigenen Worten zu geben, indem Sie das Bild eingehend beschreiben und die formalen Zusammenhänge analysieren.
– Beschreiben Sie die gesellschaftlichen Entwicklungen, welche für die Verkäuflichkeit dieser Bilder Voraussetzung waren.
- Kompositionsanalyse
- Farb- u. Formanalyse

Zu Bild 12 (AH):
Frans Snyders: Der Wildbrethändler. Um 1620. Öl auf Leinwand, 177 x 274 cm. Oslo, Nationalgalerie

Frans Snyders [sn'ɛjdərs]
Geboren 1579 in Antwerpen, gestorben 1657 in Antwerpen.
Nach seiner Lehre wurde Snyders in die Antwerpener Lukasgilde aufgenommen. Bis 1609 hielt er sich in Rom und Mailand auf. Danach wurde er in Antwerpen tätig. Seine Malweise erreichte unter dem Einfluß und in Zusammenarbeit mit Rubens besondere Bedeutung. Der Künstler malte vor allem Tiere und Früchte. Für seine Stilleben ist eine reiche Komposition charakteristisch.

Werkbeispiele:
Stilleben mit der Hündin und ihren Jungen, dem Koch und der Köchin (Dresden, Staatliche Kunstsammlungen, Gemäldegalerie Alte Meister); Küchenstück (München, Alte Pinakothek); Stilleben mit einem Fleischkorb (um 1640; Münster, Westfälisches Landesmuseum).

Leitfragen:
- Schon das Format läßt im Vergleich zu den Bildern 10 und 11 (AH) auf eine andere Käuferschicht schließen. Versuchen Sie, aus Inhalt und Form der Bilder auf die Erwartungen der Käuferschichten in Flandern zu schließen.
- Erklären Sie aus der politischen Entwicklung, wie es zu diesen unterschiedlichen Erwartungshaltungen kommen konnte.
- Vergleichen Sie die Bilder 12 und 16 (AH) miteinander, indem Sie die wirtschaftlichen Gegebenheiten der beiden Länder (Flandern, Antwerpen und Spanien, Toledo) in der ersten Hälfte des 17. Jahrhunderts mit in Ihre Interpretation einbeziehen.

Zu Bild 13 (AH):
Georg Flegel. Stilleben mit Hirschkäfer. 1635. Lindenholz, 25 x 38 cm. Köln, Wallraf-Richartz-Museum

Georg Flegel
Geboren 1566 oder 1568 in Olmütz, begraben am 23. 3. 1638 in Frankfurt a. M.
Er verließ schon in den 80er Jahren seine Heimat und wurde Mitarbeiter des Flamen Lucas van Valckenborch. Auf dessen Empfehlung hin erhielt Flegel 1597 in Frankfurt das Bürgerrecht, wo er bis zu seinem Tode lebte. Flegel gilt als einer der ersten Künstler, die sich der Malerei von selbständigen Stilleben widmeten. Er bevorzugte bei seinen Stilleben Frühstücks- sowie Blumenstücke.

Werkbeispiele:
Stilleben mit Römer, Brezeln und Mandeln (1635; Münster, Westfälisches Landesmuseum); Stilleben mit Käse und Kirschen (1635; Stuttgart, Staatsgalerie); Vorratskammer bei Kerzenlicht (Karlsruhe, Staatliche Kunsthalle).

Leitfragen:
- Aus einem Vergleich der Bilder 13 und 22 (AH) lassen sich über die soziale Schicht, aus der der Maler Flegel und die Käufer seiner Bilder stammten (Frankfurt um 1630), und über die persönlichen Lebensumstände van Goghs (Arles 1889) Erkenntnisse ableiten.
- In welchem Verhältnis stehen Studie und ausgeführtes Werk bei Georg Flegel?
- Suchen Sie nach ähnlichen Beispielen, machen Sie sich auch mit andersartigen Möglichkeiten vertraut.
- Hering, Käse und Brot - keine üppigen Speisen - worauf könnten sie verweisen?

Zu Bild 14 (AH):
Johann Georg Hinz: Kleinodienschrank. 1666. Öl auf Leinwand, 114,5 x 93,3 cm. Hamburg, Kunsthalle

Johann Georg Hinz (auch Hainz, Heintz und anders geschrieben)
Seine genauen Lebensdaten konnten bisher nicht ermittelt werden. Seit 1666 ist er in Altona nachzuweisen. 1672 besucht er Leipzig und kehrte nach Hamburg zurück, wo er 1668 das Bürgerrecht erhielt. Stilleben sind unter seinen bekannten Gemälden häufig zu finden, wobei er die Darstellung von Kleinodienschränken bevorzugt. Doch sind auch Frühstücksstilleben von seiner Hand bekannt.

Werkbeispiele:
Kleinodienschrank. Regal mit Pistolen (Berlin, Staatliche Museen zu Berlin, Kunstgewerbemuseum); Kunstkammerschrank (Kopenhagen, Statens Museum for Kunst); Blumenstrauß in einer Mauernische (Karlsruhe, Staatliche Kunsthalle).

Leitfragen:
- Das Bild ist ein Zeugnis erwachender Sammelleidenschaft in der Barockzeit. Was wurde gesammelt, warum wurden Sammlungen angelegt?
- „Gemalte Schätze" dienten als Mittel zur Repräsentation und gleichzeitig als Erinnerung an die Vergänglichkeit alles Irdischen. Inwiefern läßt sich diese Feststellung auf Hinz' Kleinodienschrank beziehen?

Zu Bild 15 (AH):
Michelangelo Merisi, genannt Caravaggio: Der Fruchtkorb. Vor 1600. Öl auf Leinwand, 46 x 64,5 cm. Mailand, Ambrosiana

Michelangelo Merisi, genannt Caravaggio [-v'addʒo]
Geboren 1573 in Caravaggio bei Bergamo, gestorben 1610 in Porto Ercole.
Caravaggio begann 1548 seine Lehrzeit in Mailand und kam gegen 1592/93 nach Rom. Seine ersten Bilder, die mit der Stilüberlieferung des Manierismus brachen, riefen in Rom Aufsehen hervor. Mit dem in wenigen Jahren geschaffenen Werk Caravaggios beginnt eine neue Epoche der europäischen Malerei, die des Barock.

Werkbeispiele:
Bacchus (Florenz, Uffizien); Knabe, von einer Eidechse gebissen (Florenz, Sammlung Longhi); Christus in Emmaus (London, National Gallery).

Leitfragen:
– Beschreiben Sie die Plastizität der Gegenstände im Bild, und nennen Sie inhaltliche Anliegen von den Malern der Bilder 2, 15, 23, 26 (AH).
– Vergleichen Sie Caravaggios Fruchtkorb mit Kalfs Stilleben (AH Bild 11). Die Malweise „nach der Natur“ kann sehr unterschiedliche Ausprägungen annehmen. Suchen Sie im vorhandenen Bildmaterial vergleichbare bzw. andersartige Auffassungen. Begründen Sie Ihre Wahl.

Zu Bild 16 (AH):
Juan Sánchez Cotán: Stilleben mit Quitte, Kohl, Melone und Gurke. Nach 1660. Öl auf Leinwand, 60 x 81 cm. San Diego, Fine Arts Gallery

Juan Sánchez Cotán [s'antʃεθ-]
Geboren 1561 bei Toledo, gestorben 1627 in Granada.
Sánchez Cotán lernte in Toledo. 1603 wurde er Laienbruder bei den Kartäusern und siedelte in die Kartause El Paular in Segovia über. Seit 1612 war er in Granada tätig. Seine frühen Stilleben sind in charakteristischer Helldunkelmalerei gestaltet, und er bevorzugt die Darstellung von einfachen Gegenständen.

Werkbeispiele:
Stilleben mit Früchten und Vögeln (Madrid, Sammlung Hernani); Stilleben mit Kardone und Möhren (Granada, Museo de Bellas Artes); Stilleben mit Gemüse und Früchten (Madrid, Sammlung Varez-Fisa).

Leitfragen:
– Die im Arbeitsheft vorgeschlagene Deutung versucht das Gemälde mit historischen (wirtschaftspolitischen, religiösen) Tatsachen zu erklären. Andere Interpreten haben auf die Wiedergabe einer in Spanien üblichen Wandnische zum Trockenhalten von Speisen hingewiesen; wieder andere auf die wohlüberlegte Komposition abgehoben und an eine musikalische Partitur gedacht oder dem Künstler ein besonderes Interesse an Mathematik unterschoben. – Diskutieren Sie diese (und eigene) Ansätze zu einer Interpretation; vergessen Sie Ihre Begründung nicht.

Zu Bild 17 (AH):
Lubin Baugin: Stilleben mit Schachbrett. Mitte 17. Jahrhundert. Öl auf Holz, 55 x 73 cm. Paris, Louvre

Lubin Baugin [boʒ'ε̃]
Geboren in Pithiviers (Loiret) um 1610/12, gestorben 1663 in Paris.
Weitere Lebensdaten sind nicht bekannt.

Werkbeispiele:
Zugeschrieben werden ihm drei subtile Stilleben, die zu den qualitätvollsten seines Zeitalters gehören („Die 5 Sinne“, Louvre; „Dessert mit Waffeln“, ebd.; „Stilleben mit Leuchter“, Rom, Gal. Spada).

Leitfragen:
– Versuchen Sie nach einer differenzierten Beschreibung der Gegenstände Ihre Bilddeutung zu geben. Untersuchen Sie nun mögliche symbolische Bedeutungen der Dinge

und ihre Beziehungen zueinander. Interpretieren Sie erneut.
– Welche Symbole sind heute sofort verständlich, welche bedürfen der Erklärung?

Zu Bild 18 (AH):
Jean-Baptiste Siméon Chardin: Stilleben mit Glasflasche und Früchten. Um 1760. Öl auf Leinwand, 55,5 x 46 cm. Karlsruhe, Staatliche Kunsthalle

Jean-Baptiste Siméon Chardin [ʃardˈɛ̃]
Geboren 1699 in Paris, gestorben 1779 in Paris.
1724 wurde er Meister der Lukasgilde und 1728 als Tier- und Früchtemaler in die Pariser Akademie aufgenommen, wo er 1761 zum Organisator der Akademieausstellungen ernannt wird. Neben Stilleben war er als Porträtmaler und Maler von Genreszenen bekannt, die niederländischen Einfluß verraten.

Werkbeispiele:
Der Rochen (Paris, Louvre); Die Pfeife (Paris, Louvre); Stilleben mit Zinnkrug und Pfirsichen (Karlsruhe, Staatliche Kunsthalle).

Leitfragen:
– Erläutern Sie den zeitgenössischen Ausspruch: „Es gibt kein kleines Genre, wenn es auf so große Weise behandelt wird."
– Mit Chardin verlagern sich die Bereiche künstlerischen Interesses: Vergleichen Sie sein Bild mit den Abbildungen 17 und 21 (AH). Arbeiten sie den Wandel von Form und Inhalt heraus.

Zu Bild 19 (AH):
Francisco José de Goya y Lucientes: Gerupfte Pute. Um 1808/12. Öl auf Leinwand, 49 x 62 cm. München, Neue Pinakothek

Francisco José de Goya y Lucientes
Geboren in Fuendetodos (Aragonien) 1746, gestorben 1828 in Bordeaux.
Goya ging 1770 nach Italien (Rom) und war seit 1775 an der Teppichmanufaktur in Madrid tätig. 1799 wurde er Erster Hofmaler des Königs; 1824 emigrierte er nach Frankreich. Goyas geniale Darstellungskunst umfaßt die verschiedensten Themen; er verwandte vielfältige Techniken, von denen besonders die graphischen Folgen seinen internationalen Ruhm begründeten.

Werkbeispiele:
Stilleben mit Lachs (Winterthur, Sammlung Otto Reinhart); Gerupfter Truthahn und Korb (Madrid, Prado); Kopf und Lendenstück eines Hammels (Paris, Louvre).

Leitfragen:
– Vergleichen Sie AH Bild 2 (Tafel des Reichen) mit Bild 8 und Bild 19 (AH). Dreimal sind Nahrungsmittel dargestellt. Jeder der drei Künstler betont einen besonderen inhaltlichen Aspekt, welchen?
– Versuchen Sie einen treffenden Begriff für Goyas Stilleben (Stillebengruppe siehe Werkbeispiele) zu finden.

Zu Bild 20 (AH):
Gustave Courbet: Blumenstilleben. 1855. Öl auf Leinwand, 84 x 109 cm. Hamburg, Kunsthalle

Gustave Courbet
Geboren 1819 in Ornans bei Besançon, gestorben 1877 in La Tour-de-Peilz bei Vevey (Schweiz).
Courbet kam 1840 nach Paris, wo er sich autodidaktisch bildete. Nach Ablehnung seiner Bilder für die Weltausstellung 1855 veranstaltete er eine eigene Ausstellung in einer Baracke, die er „Pavillon du Réalisme" nannte; damit gab er einer ganzen Stilrichtung der zweiten Hälfte des 19. Jahrhunderts den Namen.

Werkbeispiele:
Asternstrauß (1859; Basel, Kunstmuseum); Blumenkorb (1863; Bremen, Kunsthalle); Stilleben, Äpfel und Granatäpfel (1871/72; London, National Gallery).

Leitfragen:
– Vergleichen Sie Bild 20 und Bild 9 (AH) miteinander. Beide Künstler stellen einen

Blumenstrauß dar. Arbeiten Sie formale und inhaltliche Unterschiede heraus.
- Suchen Sie nach Abbildungen von Blumenstilleben (z. B. Postkarten). Entwerfen Sie eine Reihe (eine „Kunstgeschichte") des Blumenstillebens.

Zu Bild 21 (AH):
Edouard Manet: Spargelbündel. 1880. Öl auf Leinwand, 46 x 55 cm. Köln, Wallraf-Richartz-Museum

Edouard Manet
Geboren 1832 in Paris, gestorben 1883 in Paris.
Manet betrieb zahlreiche Studien in den verschiedensten Museen nach Gemälden von venezianischen Künstlern und Frans Hals. Vor allem aber bevorzugte er die Spanier. Seit 1870 malte Manet wie die Impressionisten im Freien, und seine Palette hellte sich auf. Die Farbe faßte der Künstler als eigenen Lichtwert auf, und er gestaltete Raumtiefe durch Luft-, Licht- und Farbperspektive.

Werkbeispiele:
Teller mit Austern (1862; Washington, National Gallery); Stilleben mit Seebarbe und Aal (1864; Paris, Jeu de Paume); Stilleben mit Veilchen und Fächer (1872; Jeu de Paume); Weißer Flieder (1883; Berlin, Staatliche Museen, Gemäldegalerie).

Leitfragen:
- Das Schlagwort l'art pour l'art (Kunst um der Kunst willen) wurde zur Charakterisierung impressionistischer Gemälde genutzt. Erklären Sie das Wort an Manets Spargelbündel.
- Von Manet wird immer gesagt, er sei ein Vorbereiter des Impressionismus. Wie beurteilen Sie sein Bild in diesem Zusammenhang?
- Warum stellte Manet nie mit seinen impressionistischen Künstlerkollegen aus?

Zu Bild 22 (AH):
Vincent van Gogh: Stilleben. 1889. Öl auf Leinwand, 50 x 64 cm. Otterloo, Rijksmuseum Kröller-Müller

Vincent van Gogh
Geboren 1853 in Zundert (bei Breda), gestorben 1890 in Auvers-sur-Oise.
1886 schloß sich van Gogh der heiteren und lichten Malerei der Impressionisten an, übernahm vorübergehend die pointillistische Technik und begeisterte sich für den japanischen Holzschnitt. 1888 siedelte er nach Arles über. In van Gogh wird einer der Überwinder des Impressionismus gesehen; von ihm empfing die Malerei des Expressionismus starke Anregungen, auch durch sein Streben ins Weltanschaulich-Religiöse.

Werkbeispiele:
Stilleben, zwei Bücher und Kerzenhalter (1885; Amsterdam, Rijksmuseum); Stilleben, ein Paar Schuhe (1886; Amsterdam, Rijksmuseum); Der Stuhl van Goghs (1888; London, Tate Gallery); Vase mit Blumen (Schwertlilien) (1890; New York, Metropolitan Museum of Art).

Leitfragen:
- Warum bezeichnet man van Goghs Stilleben (hinsichtlich der Gegenstandswahl) als realistisch und nicht naturalistisch?
- Es gibt ganz verschiedene Möglichkeiten des Farbauftrags. Wie malt Bosschaert (AH Bild 9), wie Courbet (AH Bild 20), wie van Gogh (AH Bild 22)? Überwiegen bestimmte Malweisen in bestimmten Zeiten und Regionen? Kann die Art des Farbauftrags Auswirkungen auf den Inhalt von Kunstwerken haben?
- Welche Bedeutung gewinnt bei van Gogh die Farbwahl?

Zu Bild 23 (AH):
Paul Cézanne: Stilleben mit Glas und Äpfeln. Um 1880/90. Öl auf Leinwand, 31,5 x 40 cm. Basel, Kunstmuseum, Sammlung Rudolf Staechelin

Paul Cézanne
Geboren 1839 in Aix-en-Provence, gestorben 1906 in Aix-en-Provence.

Cézanne studierte 1859–1861 Rechtswissenschaften und war nach einem Parisaufenthalt auch im Bankgeschäft seines Vaters tätig. Von 1872 bis 1874 lebte er in Pontoise und in Auvers-sur-Oise, wo er auch zur Freilichtmalerei überging. 1874–1879 hielt er sich in Paris auf und kehrte danach nach Aix zurück, wo er den Rest seines Lebens verbrachte. Cézanne gilt als Wegbereiter moderner Kunst.

Werkbeispiele:
Die blaue Vase (1889/90; Paris, Musée d'Orsay); Stilleben mit grünem Gefäß und Zinnkessel (1893/94; Paris, Musée d'Orsay); Stillleben mit Zwiebeln (1893/94; Paris, Musée d'Orsay); Stilleben mit Äpfeln und Pfirsichen (um 1905; Washington, National Gallery of Art).

Leitfragen:
– Erläutern Sie die in einem Brief formulierte Erkenntnis Cézannes: „Die Kunst ist eine Harmonie, die parallel zur Natur verläuft."
– Was setzt Cézanne an die Stelle der Illusion von Stofflichkeit?
– Welche Kompositionsformen sind Ihnen beim Durchschauen des Hefts aufgefallen? Vergleichen Sie die Bilder 12, 16, 18, 22, 23 26 (AH) miteinander. Ist die Kompositionsart zeit- oder motivabhängig oder individuell willkürlich? Bemühen Sie sich um eine differenzierte Betrachtungsweise.

Zu Bild 24 (AH):
Henri Matisse: Die Goldfische. 1911. Öl auf Leinwand, 147 x 98 cm. Moskau, Puschkin-Museum

Henri Emile Benoît Matisse
Geboren 1869 in Le Cateau (Nord), gestorben 1954 in Cimiez (Nizza).
Angeregt besonders von Cézanne, überwand Matisse den Impressionismus seiner Frühzeit und entwickelte unter dem Einfluß der Neoimpressionisten (Signac) um 1905 die Grundlagen seines Stils, indem er leuchtende, reine Farbflächen in scharfer Abgrenzung gegeneinanderstellte. Damit stand die Farbe nicht mehr im Dienst stofflicher Oberflächencharakterisierung, sondern machte die Gegenstände zu Farbträgern. Zugleich gewann das flächig-dekorative, arabeskenhafte Element an Bedeutung. Das Stilleben, das Matisse' Vorliebe für flächig ornamentale Aufteilung entgegenkam, durchzieht das gesamte Werk.

Werkbeispiele:
Blumen und Keramikteller (1911; Frankfurt, Städelsches Kunstinstitut); Die Anemonen (1924; Bern, Kunstmuseum); Stilleben mit Austern (1940; Basel, Kunstmuseum); Rotes Interieur, Stilleben auf einem blauen Tisch (1947; Düsseldorf, Kunstsammlung Nordrhein-Westfalen).

Leitfragen:
– Beschreiben Sie das Verhältnis von Farbe und Raum in dem Bild von Matisse und suchen Sie nach einem sehr gegensätzlichen Beispiel.
– Wie ist der Satz von Matisse – „Der Weg dahin [zum Bild] führt nicht über eine Anhäufung von Details, sondern über deren Bereinigung" – zu verstehen?
– Versuchen Sie mit einer Reihe von Stilleben (Postkarten) den Jugend-, Reife- und Altersstil von Matisse zu charakterisieren.

Zu Bild 25 (AH):
Pablo Picasso: Brote und Schale mit Früchten auf einem Tisch. 1908. Öl auf Leinwand, 164 x 132,5 cm. Basel, Kunstmuseum

Pablo Picasso
Geboren 1881 in Málaga, gestorben 1973 in Mougins (bei Cannes).
1904 siedelte Picasso nach Paris um und machte in den folgenden Jahren Reisen nach Horta de Ebro (1909), nach Cadaquès (1910), nach Céret (1911), und 1917 war er in Rom, 1919 in London und an der Côte d'Azur. Nach der Besetzung von Paris übersiedelte er 1940 nach Antibes und Royan und kehrte 1945 nach Paris zurück. Später lebte er in Cannes. Picasso gilt als vielseitigster und vitalster Bildschöpfer der Moderne.

Werkbeispiele:
Stilleben mit Hut (Cézannes Hut) (1909; Privatbesitz); Stilleben mit Rohrstuhl (1912; Paris, Musée Picasso); Stilleben mit Pfeife und Glas (1918; New York, Solomon R. Guggenheim Museum); Stilleben mit Ochsenschädel (1942; Düsseldorf, Kunstsammlg.).

Abb. 1 Pablo Picasso:
Studie zu „Karneval im Bistro". 1908/09. Gouache, 32 x 49,5 cm. Paris, Musée Picasso.

Leitfragen:
- Vergleichen Sie die Studie Picassos mit seinem Gemälde. Beschreiben Sie seine Arbeitsweise.
- „Ein Bild ist nicht von vornherein ausgedacht und festgelegt. Während man daran arbeitet, verändert es sich in gleichem Maße wie die Gedanken", hat Picasso einmal in einem Gespräch gesagt. – Welche Bedeutung hatte demgegenüber die Studie in älterer Zeit (vgl. Flegel)?

Zu Bild 26 (AH):
Georges Braque: Violine und Krug. 1910. Öl auf Leinwand, 117 x 73,5 cm. Basel, Kunstmuseum

Georges Braque
Geboren 1882 in Argenteuil bei Paris, gestorben 1963 in Paris.
Bis 1903 besuchte er die Akademie Humbert und schloß sich 1906 in Antwerpen der Gruppe der Fauves an. 1907 kehrte er nach Paris zurück, und 1908 fand seine erste persönliche Ausstellung statt („Kubistische Gemälde seit 1908"). Nach dem Krieg entfernte sich Braque wieder von der kubistischen Malerei. Um 1932 wendete er sich besonders der Stillebenmalerei zu.

Werkbeispiele:
Stilleben mit Kaffeekanne (1908; Stuttgart, Staatsgalerie); Der Tisch des Musikers (1913; Basel, Kunstmuseum); Atelier II (1949; Düsseldorf, Kunstsammlung Nordrhein-Westfalen); Stilleben in Rot (1955; Stuttgart, Staatsgalerie).

Leitfragen:
- „Das Musikinstrument hatte als Objekt die Besonderheit, daß es durch die Berührung belebt werden konnte." Versuchen Sie mit diesem Zitat Braques Stilleben zu interpretieren.
- Für niederländische Künstler der Barockzeit war die Darstellung von „Stofflichkeit" wichtig (AH Bild 11). Was meint Braque, wenn er von „Stofflichkeit" spricht?

Zu Bild 27 (AH):
Juan Gris: Gitarre und Klarinette. 1920. Öl auf Leinwand, 73 x 92 cm. Basel, Kunstmuseum

Juan Gris
Geboren 1887 in Madrid, gestorben 1927 in Boulogne-sur-Seine.
Gris studierte in Madrid an der Kunstgewerbeschule und ging 1905 nach Paris. Erst 1912 wandte er sich der Malerei zu, nachdem er vorher vor allem als Zeichner bekannt war. Er gehört zu den Mitbegründern des „synthetischen Kubismus". Seit 1922 lebte er in Boulogne-sur-Seine.

Werkbeispiele:
Geige und Tintenfaß (1913; Düsseldorf, Kunstsammlung Nordrhein-Westfalen); Die Geige (1916; Basel, Kunstmuseum); Die Wolke (1921; Hamburg, Kunsthalle); Die

Geige vor dem offenen Fenster (1926; Bremen, Kunsthalle).

Leitfragen:
- Vergleichen Sie die Darstellungsweise des Musikinstruments in Baugins Stilleben (AH Bild 17) mit der von Gris, und machen Sie sich die radikalen formalen und inhaltlichen Neuerungen des Kubismus klar.
- Charakterisieren Sie die Funktion der Farbe im Mittelalter (AH Bild 3), im Barock (AH Bild 9), im Impressionismus (AH Bild 21), im Fauvismus (AH Bild 24) und im Kubismus (AH Bild 27).

Zu Bild 28 (AH):
Karl Hubbuch: Verlobung. 1925. Kreide, Bleistift und Aquarell auf Papier, 54 x 37,5 cm. Mailand, Privatbesitz

Karl Hubbuch
Geboren 1891 in Karlsruhe, gestorben 1979 in Karlsruhe.
Er gehörte mit seinen graphischen Arbeiten der 20er Jahre zum sozial orientierten Verismus. In seinen Gemälden übte er ebenfalls eine scharfe Gesellschaftskritik. Nach dem Krieg entstanden antifaschistische Arbeiten, später realistische Porträts.

Werkbeispiele:
Der alte Zuber (um 1924; Reutlingen, Privatbesitz); Fünf Zähler (1925; Reutlingen, Privatbesitz); Pariser Bistro – Theke mit Kalenderblatt (1926; Karlsruhe, Staatliche Kunsthalle).

Leitfragen:
- Zeigen Sie im Vergleich mit einem selbstgewählten Beispiel, inwiefern Hubbuch auf „alte“ Darstellungsformen zurückgreift.
- Diskutieren Sie den absichtlichen Verzicht auf die formalen Neuerungen (Expressionismus, Kubismus, Abstraktion) in Hubbuchs Malerei, unter Berücksichtigung der politischen Situation im Deutschland der 20er Jahre.

Zu Bild 29 (AH):
Giorgio Morandi: Stilleben mit weißer Teekanne. 1956. Öl auf Leinwand, 30,5 x 40,5 cm. Winterthur, Kunstmuseum

Giorgio Morandi
Geboren in Bologna 1890, gestorben in Grizzana bei Bologna.
Morandi entwickelte (seit 1918) aus der Anregung der Pittura Metafisica eine statische, die gegenständliche Form wahrende Bildwelt. Seine zartfarbigen, vor allem in Erdtönen und Weiß gehaltenen Stilleben aus alltäglichen, räumlich gruppierten Gegenständen, wie Krüge und Flaschen, sind von äußerster Einfachheit und Stille.

Werkbeispiele:
Stilleben (1916; New York, Museum of Modern Art); Stilleben (1946; London, Tate Gallery); Stilleben (um 1957; Hamburg, Kunsthalle).

Leitfragen:
- Suchen Sie (im Arbeitsheft) nach Vorbildern für Morandis Stilleben.
- „Nichts oder wenig ist neu in der Welt; wichtig ist die verschiedenartige oder neue Position, in der ein Künstler die Dinge der sogenannten Natur […] auffaßt und sieht“, schrieb Morandi in einem Brief. Welche Aufgabe spricht Morandi hiermit dem Künstler zu? Vergleichen Sie Morandis „Position“ mit derjenigen eines Künstlers aus dem 17. Jahrhundert.

Zu Bild 30 (AH):
Andy Warhol: Big Torn Campell's Soup Can (Black Bean). 1962. Acryl und Siebdruck auf Leinwand, 183 x 137 cm. Düsseldorf, Kunstsammlung Nordrhein-Westfalen

Andy Warhol
eigentlich Andrew Warhola
Geboren 1928 in Pittsburgh (Pennsylvania), gestorben 1987 in New York.
Warhol wurde in den 60er Jahren mit Bildern und Siebdrucken, in denen er Photographien

aus verschiedenen Massenmedien vergrößerte, mit Variationen reproduzierte und nebeneinanderreihte, ein Hauptvertreter der Pop Art. Seine Motive sind meist alltägliche Konsumartikel (Konservendosen) oder Idole der modernen Mediengesellschaft.

Werkbeispiele:
Anna May Wong (um 1956; Sammlung Richard Holmes); 32 Soup Cans (1961/62; Irving Blum, New York); 210 Coca-Cola Bottles (1962; New York, Privatsammlung); Flowers (1964; New York, Leo Castelli Gallery).

Leitfragen:
- Machen Sie die formalen Besonderheiten von Warhols Stilleben deutlich.
- Vergleichen Sie die realistischen Darstellungsweisen der AH-Bilder 28 und 30 (Warhol und Hubbuch). Wie unterscheiden sie sich?
- „Konsum als Kunst – Kunst als Konsum", vergleichen Sie Warhols „Soup Can" mit dem „Gemälde: Malen nach Zahlen" (AH Bild 34).

Zu Bild 31 (AH):
Karl Horst Hödicke: Stilleben mit Flamme. 1983. Mischtechnik, 70 x 99 cm. Privatbesitz

Karl Horst Hödicke
Geboren 1938 in Nürnberg.
Hödicke lehrt nach einem Architektur- und Kunststudium seit 1974 an der Kunsthochschule in Berlin-West; er arbeitete mit Koberling, Lüpertz, Wintersberger u. a. expressiv-figurativ und wirkte mit seinen neoexpressionistischen Bildern anregend auf eine Berliner Gruppe der „Neuen Wilden".

Werkbeispiele:
Stilleben (1975; Privatbesitz); Schatztruhe (1976; Privatbesitz); Die Erfindung der Lokomotive (1983; Privatbesitz).

Leitfragen:
- Auf welche Stilrichtungen (Künstler) greift Hödicke in seinen Bildern zurück, wenn er „das Eigenleben der Farbe zur Wirkung" bringen will? Welche neuen Aspekte bringt er?
- In welcher Rolle sieht sich der Künstler, wenn er sagt: „Aus meinem Arm, aus meinem Körper heraus müssen die geistigen, die spirituellen Regungen auf die Leinwand und aufs Papier kommen"?

Zu Bild 32 (AH):
Norbert Stockhus: Stilleben. 1981. Acryl auf Leinwand, 24 x 32 cm. Privatbesitz

Norbert Stockhus
Geboren 1948 in Kirchheide bei Lemgo.
Der zunächst als Schriftsetzer und Graphiker Ausgebildete wandte sich ab etwa 1970 der Malerei zu. Thema seiner miniaturhaften Bilder sind die Landschaft, das Interieur und Stilleben sowie deren Mischformen. Stockhus lebt als freischaffender Künstler in Sulz/Glatt (Schwarzwald).

Werkbeispiele:
Nachtisch (1978; Privatbesitz); Tischfeuerwerk mit heilkräftiger Mahlzeit (1978; Privatbesitz); Murmeln (1985; Privatbesitz).

Leitfragen:
- „Mit den Mitteln seiner Kunst scheint uns Norbert Stockhus aus unserer Gegenwart und unserer Gegend zu entrücken. Aber wenn wir genau hinsehen, erkennen wir, daß wir mitten in ihr sind." – Erläutern Sie diese Worte an Norbert Stockhus' Stilleben.
- Kennen Sie verschiedene Maltechniken? Beschreiben Sie die Technik des Freskos (AH Bild 1), der mittelalterlichen Miniatur (AH Bild 2), der gotischen Temperamalerei (AH Bild 3), des Aquarells (AH Bild 5), der Ölmalerei (AH Bild 23, 24), und charakterisieren Sie moderne (Misch-)Techniken (AH Bild 30, 31, 32).

Zu Bild 33 (AH):
Ein Stück Paradies – das Stilleben in der Werbung

Leitfragen:
- Auf welche Wirkung spekulieren Werbegraphiker?

– Welche Unterschiede zur Stillebenmalerei machen deutlich, daß Werbebilder auf kurzzeitigen Gebrauch angelegt sind?

Zu Bild 34 (AH):
Malen nach Zahlen

Leitfragen:

– Weisen Sie in den Arbeitsanweisungen „Malen nach Zahlen" die Stellen nach, an denen Phantasie und Kreativität ausgeschlossen werden.

– Welches Verständnis von Kunst wird dem Käufer eines Malsets „Malen nach Zahlen" nahegelegt?

– Warum halten sich Ihrer Meinung nach, trotz der offensichtlich unkünstlerischen Arbeitsweise, diese Malsets „Malen nach Zahlen" so beständig in der Freizeitindustrie?

3 Zusätzliche Materialien zur Theorie der Stillebenmalerei

3.1 Allgemeine Texte

Die Welt auf einem Tisch. Das Stilleben und sein Gegenstand

Die Zusammenstellung unbewegter Formen, hauptsächlich vertrauter Gegenstände, die sich der Künstler meistens auf einem Tisch aufbaute und in deren Gestalt und Beziehungen er sich nun in Nahsicht versenkt, gehört nicht zu den alten ständigen Themen der Malerei. Zwar gab es Abbilder von einzelnen Sachen und deren bildmäßige Gruppierung schon in der Antike (AH Bild 1; Abb. 6)* und auch in der primitiven Kunst vieler Zeiten und Völker, aber es waren meistens Hinzufügungen. Die ikonographischen Normen, etwa der romanischen, gotischen oder byzantinischen Kunst, boten fast keinen Raum für den Eigenwert des Gegenständlichen. So ist die Stillebenmalerei eine neue Kunst in dem Sinne, daß sie eine der Konsequenzen der Weltsicht fixiert, wie sie im 15. und 16. Jahrhundert das Mittelalter endgültig zu überwinden suchte, eine Kunst, die ihre Höhepunkte in der Zeit und in den Ländern des Rationalismus und der Aufklärung gefunden hat und die später, besonders im 19. Jahrhundert, dann die Selbständigkeit des Kunstwerks gegenüber einer äußerlichen Zweckhaftigkeit auszudrücken suchten, die damit charakteristische Züge der Kunst des 20. Jahrhunderts vorzubereiten half.

Die bildende Kunst dieses Zeitraumes von etwa vier Jahrhunderten ist gekennzeichnet durch thematische Differenzierung der Gattungen; in der Praxis entwickelte sich ein mannigfaches Spezialistentum, darunter das der Stillebenmalerei. Es waren jedoch auch immer wieder die großen Maler, die sich nicht auf Besonderheiten beschränkten. Aber gegen eine Freiheit, die zum Beispiel neben dem Porträt die Landschaftsdarstellung oder die Kunst der „nature morte" (der französische Ausdruck seit dem 18. Jahrhundert) mit umfaßte, stand alsbald eine bezeichnende Unterschiedlichkeit der öffentlichen Bewertung. Die herrschende Meinung, wie sie sich vor allem in der akademischen Kunst und deren Theorien niederschlug, bewertete in erster Linie den Rang des behandelten Stoffes. Die höchstgeachtete und höchstbezahlte Kategorie war die Historie; die niederste und am schlechtesten bezahlte war das „Abmalen toter Dinge". Auch in unserer Gegenwart ist eine solche Gruppierung nicht unbekannt. Zu den Eigenarten der Kunst und wohl nicht nur die der Vergangenheit gehört nun allerdings auch eine sich davon häufig unterscheidende Rangfolge der künstlerischen Resultate. Kaum etwas in der deutschen Malerei nach 1600 ist den kleinen Stillebenbildern eines Georg Flegel (AH Bild 13; Abb. 2). Wenn wir in Chardin einen der großen französischen Maler des 18. Jahrhunderts bewundern, so empfinden wir weniger dessen Figuren als das Gedank-

Abb. 2 Georg Flegel: Raucherstilleben. Temp. auf Holz, 22 x 17 cm. Frankf. a. M., Hist. Mus.

*Abb.: bedeutet Abbildung im Lehrerheft. AH Bild: bedeutet Farbbild im Schüler-Arbeitsheft.

lichste, Eindringlichste und Tiefste in seiner Kunst, sondern die Tischbilder (AH Bild 18). Daß in den verschiedenen Fassungen der „Sonnenblumen" van Goghs weniger Idee und geistige Kraft als in seinen Bildnissen investiert sei, wagt wohl niemand zu behaupten (Abb. 23).

Der bezeichnende Zustand in der wesentlichen und bewegenden Kunst dieser Epochen ist eben auch dadurch gekennzeichnet, daß von begabten Malern, in den Zentren der Kunstentwicklung, das unmittelbare Studium der Erscheinungen dieser Welt, und dazu gehört gerade das Stilleben, in Sinnfülle einer offiziellen, inhaltlich entleerten Figurenkunst entgegengestellt wurde.

Roemer Visscher, ein zu seiner Zeit berühmter Schreiber von emblematischen Büchern, mahnte 1614 in einem schon damals wohl kaum überraschenden Merkspruch: „Nichts ist in den Dingen ohne Sinn." Und Spinoza formulierte in seiner Ethik den wesentlich konsequenteren Satz, daß die „Ordnung und Verknüpfung der Dinge" dieselbe sei wie die der Ideen. Es ist nun gerade die so wenig geachtete Kunst der Stillebenmalerei, in der eine solche These, die eine Umwälzung im menschlichen Denken anzeigt, von zahlreichen Künstlern, eben in jener gleichen Zeit, in die vollkommene Anschaulichkeit gesetzt wurde.

Der Sinn dieser Bilder ist allerdings nur selten eine einfache, sich sofort mitteilende Auskunft. Gerade die Meisterstücke der Stillebenmalerei bieten oft eine Vielzahl von Bedeutungen, Anspielungen, ja ganzen Erzählungen, und manche nähern sich der Rätselhaftigkeit. Zwar dürfte sich der Zeitgenosse in der stummen Sprache der Dinge besser ausgekannt haben, als uns dies heute noch möglich ist, er wird tatsächlich ihren Inhalt „gelesen" haben. Aber auch für ihn ergab sich wohl neben dem Eindeutigen noch ein weites Feld des zu Vermutenden. Man mußte sich herantasten und Gegenstand für Gegenstand befragen, selbst das scheinbar nebensächliche Detail kann den Schlüssel für einen speziellen Inhalt geben.

Nun hat man darauf hingewiesen, daß in der Herausbildung des Stillebens unterschiedliche Anlässe und Motive wirksam geworden sind, daß nach einer langen kunstgeschichtlichen Inkubationszeit ein ganzes Spektrum von Inhalten sich zu dieser Gattung verbunden hat, zu einer äußerst beziehungsreichen Neuheit, in der dann alle Gehalte in diesem und jenem Maße auch oszillierten. Die rasche Popularität verdankte diese Neuheit dabei „ihrer Fähigkeit, mehrere auch widersprechende Bedürfnisse zu befriedigen" (Ernst H. Gombrich). Ihr Programm berührt ganz verschiedenartige Bereiche, etwa: sachliche Fixierung der Welt in Naturporträts; mobile Kunst- und Wunderkammer auch des Bürgers; feudale Lust an Beute und Genuß der Trophäe; das einzelne Ding als eine verfügbare Ware – die Ware als Schaustück; Ausgestaltung häuslicher Intimität; das Kunstwerk als Kunststück, Abbild als Naturersatz; jenes sich auch in der Barockliteratur offenbarende Bedürfnis nach Emblemen für alle Erscheinungen des Daseins, die Lust an Allegorien, Verschlüsselungen; eine fast in allen Äußerungen der Zeit zutage tretende moralisierende Tendenz: das charakteristische Vergänglichkeitsmotiv; die profanisierte und handlich gemachte sakrale Symbolik; schließlich aber auch der Sog eines lebhaften Kunstmarktes, der sich jetzt auf einzelne sich für ein großes Publikum unterschiedlichster Zusammensetzung eignende Artikel, in denen solche Inhalte erlebt werden konnten, orientierte.

Die meist kleinen Bilder waren schon im 17. Jahrhundert in den Niederlanden begehrte Sammlerstücke. Im einzelnen wurden sie wohl ausgewählt nach dem Zwecke eines Hauses oder Raumes und gewiß auch nach dem Beruf und den Vorlieben des Käufers. Noch ehe der Gattungsbegriff „Stilleben" gefunden war, wußte man, was für ein Bild man zu bestellen hatte. Zum Beispiel den „blompot" (Blumentopf – ein Blumenstück) (AH Bild 9; Abb. 15) oder ein „ontbijtje" (ein Frühstücksbild), vielleicht auch ein „banketje" (das ist die oft opulente Mahlzeit auf einem Tisch). Wer ein Früchtebild wünschte, verlangte ein „fruytagie", während der Raucher, der seine Utensilien im Bilde in bedeutungsvollem Zusammenhang zu erblicken wünschte, ein „toebackje" (Abb. 2) erwarb. Nirgends konnte die Hinfälligkeit des Menschen drastischer verdeutlicht sein als in einem „doodshoofd" (Bild mit Totenschä-

Abb. 3 Samuel van Hoogstraten: Augenbetrüger-Stilleben. Nach 1666. Öl auf Leinwand, 63 x 79 cm. Karlsruhe, Staatliche Kunsthalle.

del) (AH Bild 10); und das erstaunlichste Stück war vielleicht ein „bedriegertje" (wörtlich: Betrügerchen, ein Augentäuscher, trompe l'œil) (Abb. 3). [...]

[A. Mayer-Meintschel, 1983, S. 15 ff.]

Der Sozialgehalt des Stillebens

Die duftende Frische eines Buketts, auf dem die Tropfen des Morgentaus noch nicht getrocknet sind, das saftige Fruchtfleisch einer Zitrone, das lebhafte Farbenspiel des Federkleids von Jagdtrophäen und das matte Flimmern der Schuppen in des Fischers Beute, die helltönende Durchsichtigkeit zerbrechlicher Weingläser und das warme Leuchten des Kupfers auf dem Boden eines massiven Küchenkessels – all diese und viele andere Eigenschaften, die uns an den leblosen Dingen fesseln und die gemeinsam die gegenständliche Welt, welche den Menschen umgibt, kennzeichnen, gibt in der Malerei das Stilleben wieder. Deshalb ist das Stilleben ein Eingriff in den Bereich des Geruchs- und Tastsinns, des Geschmacks und selbst des Gehörs, ein Sinn, welcher, so scheint es, der Malerei entgegengesetzt ist, und welcher in anderen Kunstbereichen gewöhnlich nicht beachtet wird und die besondere Aufmerksamkeit des Künstlers nicht auf sich zieht, folglich auch nicht die des Betrachters. Natürlich wird all dies nur durch hohes, reines, malerisches Können erreicht. Der Künstler stellt dem Betrachter die Dinge so dar, als lüde er ihn nicht nur ein, sich zu ergötzen, sondern auch anzufassen, zu streicheln, zu riechen, auf den Handflächen zu wägen, ihren Klang zu erlauschen. Gab und gibt es jedoch das Stilleben nur wegen der Darstellung dieser materiellen Eigenschaften des Gegenstands? Bemüht sich denn der Künstler im Landschaftsbild nicht, neben der wahrhaftigen Wiedergabe von Naturschönheiten die damit übereinstimmende Lebenseinstellung des Menschen zu zeigen und in den Kreislauf der Natur den Menschen selbst nicht nur als ein Produkt ihrer Entwicklung aufzunehmen, sondern auch als den schöpferischen Impuls, der die Natur innerhalb des gesellschaftlich-historischen Prozesses vermenschlicht.

In noch stärkerem Maße wird dieses Bestreben im Stilleben offensichtlich. Muß doch in diesem Fall der Gegenstand, bevor er Objekt der Malerei wird, beschafft und arrangiert, und oft sogar durch menschliche Arbeit erst geschaffen werden. Der Gegenstand der Arbeit ist deshalb die Vergegenständlichung des Menschenlebens, der Mensch verdoppelt sich nicht nur intellektuell, wie das im Bewußtsein der Fall ist, sondern auch real, tätig, und betrachtet sich selbst in der geschaffenen Welt. Aus diesem Gedanken von Karl Marx folgt, daß auch das Stilleben nicht nur den Gegenstand und dessen materielle Eigenschaften zum Inhalt hat, sondern auch jene schöpferische Energie des Menschen, die in den Dingen steckt und unser ideell-emotionales Verhältnis zu ihnen

und die Verhältnisse der Dinge untereinander bestimmt. Mehr noch, innerhalb des gesellschaftlich-historischen Prozesses wird der Gegenstand in das gesamte System gesellschaftlicher Verhältnisse einbezogen, seine konkret-sinnliche Form wird mit Inhalt erfüllt, der diese Verhältnisse in ihrem Reichtum und ihrer Vielfalt widerspiegelt.
So war es immer und überall. In allen nationalen Schulen reflektierte das Stilleben diesen Prozeß, was [...] am besten am Beispiel des holländischen Stillebens des 17. Jahrhunderts zu verfolgen ist. In welchem Maße wurden die Holländer sich selbst klar darüber, was vor sich ging? Ganz zu Beginn des 17. Jahrhunderts, zu Zeiten Balthasar van der Asts, gab es beispielsweise nur wenig Gerät aus Übersee oder Südfrüchte in Holland. Deshalb unterstrichen die Künstler ungewollt in ihren Darstellungen den exotischen Charakter. Danach, als sich die holländische Kolonialwirtschaft erweiterte, hörten diese Dinge auf, eine Seltenheit zu sein und setzten die Künstler mit ihrer merkwürdigen Sonderbarkeit nicht mehr in Erstaunen. In den gleichen Gegenständen trat ein neuer gesellschaftlicher Sinn in den Vordergrund. Der holländische Dichter Jacob Cats schließt bei der Aufzählung einer Vielzahl von importierten Waren aus östlichen und südlichen Ländern mit Nationalstolz: Alles, was in der Welt hergestellt wird, gerät in unsere Reusen. Auf ähnliche Weise verbanden auch die holländischen Stillebenmaler der ersten Jahrhunderthälfte den Überfluß auf dem Markt mit dem Aufblühen der nationalen Seefahrt und des Kolonialhandels. Die Gefühle des Individuums, des Eigentümers flossen in einem bestimmten Maße in das allgemeine Gefühl des Nationalstolzes des Holländers ein, den ihm die Erfolge seiner Heimat verliehen. Nach dem Abschluß des Westfälischen Friedens zu Münster (1648) brachen die Illusionen von Aufstieg und Wohlstand zusammen. Ein noch nie dagewesener Reichtum und Luxus auf der einen Seite und erschütternde Armut und Elend auf der anderen öffneten den Künstlern die Augen für die Eigentumsverhältnisse, die in den Dingen beschlossen sind. Von nun an ist der Gegenstand im Stilleben vor allem für den Festtagsgebrauch bestimmt, es werden nicht seine funktionellen Qualitäten, die sich im Alltäglichen bewähren, unterstrichen, sondern seine „überflüssigen" Eigenschaften – Glanz, Pracht, Eleganz und die Eigenart, dem ausgefallensten Geschmack zu entsprechen. Das vollzieht sich in allen Varianten des holländischen Stillebens.
Nehmen wir als Beispiel die Darstellung von Speisen und Jagdwild in der altniederländischen Kunst des 15. und 16. Jahrhunderts und der holländischen und flämischen Malerei des folgenden Jahrhunderts. Dirk Bouts stellt auf seinem Altar der Peterskirche in Löwen (Lovain) (1467) in der Szene „Das Ostermahl" ein Osterlamm als Symbol der Buße dar. [...]
Die niederländischen Meister des 16. Jahrhunderts Pieter Aertsen und Joachim Beukelaer und selbst ihr jüngerer Zeitgenosse, der italienische Künstler Jacopo Chimenti da Empoli, der den gleichen Zeitabschnitt innerhalb der sozialen und kulturellen Entwicklung der Menschheit widerspiegelt, zeigen Speisen und Jagdwild als Gegenstand von Kauf und Verkauf auf dem Amsterdamer, Antwerpener oder Florentiner Markt. Das Wild, das unter anderen Waren gezeigt ist, besitzt für den Künstler keine Eigenschaften, die es zum Beispiel von Gemüse oder Früchten wesentlich unterscheiden. Es wird von ihm mit dem gleichen Empfinden, wie auch die übrigen Gegenstände der „Marktszene" oder des „Lebensmittelstandes" gemalt.
Das kann man nicht von dem Wild sagen, welches die holländischen und flämischen Künstler nach einem Jahrhundert malen. In der 2. Hälfte und zu Ende des 17. Jahrhunderts entsteht eine besondere Spielart des Stillebens – die Jagdtrophäe. Das geschah in dem Maße, wie die Oberschicht der bürgerlichen Gesellschaft zu aristokratisieren begann, als der Bourgeois sich von seinen Geschäften zurückzieht und beginnt, Gutshöfe und Grundstücke zu erwerben, und, dem Landadel nacheifernd, sich mit Entzücken dem Vorrecht der Jagd widmet. Bei dem Flamen Jan Fyt und den Holländern Jan Weenix und Melchior d'Hondecoeter besitzt das Jagdwild schon andere, nur ihm eigene Qualitäten. Seine anschaulich-sinnliche Form wird mit Gehalt erfüllt, der das neue Verhält-

nis zur Jagd zum Ausdruck bringt: nicht wie zu einem Gewerbe, das Proviant auf den Tisch bringt, sondern wie zu einem Zeitvertreib, der nur einigen wenigen zugänglich ist. Infolgedessen besitzen auch die Darstellungen von Jagdtrophäen den Stempel einer besonderen Auserwähltheit und Auserlesenheit. Weder Fyt, Weenix, noch Hondecoeter weichen von der Natur ab, aber der neue Sozialgehalt des Gegenstands zwingt sie, darin eine besonders schön hingelagerte Haltung oder Verkürzung zu suchen, die Eigenschaften von Farbe und Oberfläche in Effekte umzusetzen, welche die dekorativen, überflüssigen Werte unterstreichen, und die Darstellung auf dem Hintergrund eines luxuriösen, mit Statuen und Vasen geschmückten Parks anzuordnen. Frans Snyders, in dessen Werk diese Merkmale zum ersten Mal auftreten, vermag auch noch demokratische Traditionen dieses Genres zu bewahren – seine Jagdtrophäen werden organisch in die Reihe der „Speiseladentische" aufgenommen, und ihre überflüssigen Eigenschaften werden im Rahmen des großen Monumentalstils heroisiert (Abb. 4). Im Schaffen der französischen Stillebenmaler am Ende des 17., zu Beginn des 18. Jahrhunderts, François Desportes und Jean-Baptiste Oudry, wird das Jagdwild in verfeinerter dekorativer Form wiedergegeben. Diesem Stil zollt auch Chardin in seinen frühen Jagdstilleben Tribut, der reife Künstler jedoch nimmt das Jagdwild in das „Küchenstilleben" auf. Hier, in der Küche, dem Reiche einer ordentlichen Hausfrau oder ihres beispielhaften Dienstmädchens, offenbart das Jagdwild am besten seine neuen Eigenschaften.

Die Dinge zu Zeiten Chardins werden immer mehr in ein System der in Gesellschaft und Familie entstehenden bürgerlichen Verhältnisse einbezogen und nehmen dabei die Quintessenz der neuen Ordnung in ihrem alltäglich-lebenswichtigen häuslichen Aspekt in sich auf. Die Stilleben Chardins, wie auch seine Alltagsszenen, zeigen das gesellschaftlich-historische Wesen des Menschen der bürgerlichen Gesellschaft, des Vertreters des dritten Standes in Frankreich. Die Darstellung der gegenständlichen Welt schloß in sich auch gesunde, fortschrittliche Grundsätze der neuen Gesellschaft ein: Arbeitsliebe, Zweckmäßigkeit, Sparsamkeit,

Abb. 4 F. Snyders: Der Wildbrethändler. Um 1620. Öl auf Leinw., 177 x 274 cm. Oslo, Nat.-G.

Bescheidenheit, Patriarchalität. Daraus resultieren auch die neuen Eigenschaften des französischen Stillebens – Vergeistigung, Verinnerlichung und Einfachheit. Noch nie besaß der Gegenstand so viel menschliche Wärme, er war noch nie mit so ausgeprägtem Gefühl gemalt worden, wie in den Stilleben Chardins. Der Künstler unterstellte den Dingen nicht wundersame, mystische Fähigkeiten, Eigenschaften eines höheren Wesens, wie dies vor ihm der Spanier Zurbarán getan hatte. Chardin war ein Poet streng irdischer, materieller und hinlänglich prosaischer Qualitäten der gegenständlichen Welt, doch entdeckte er die wichtigste Eigenschaft des Gegenstandes – dessen Fähigkeit, die Spuren der Berührung menschlicher Hände zu bewahren, zudem nicht nur desjenigen, der den Gegenstand schuf, sondern auch des Hausherren, mit dem dieser ein gemeinsames Leben führt. Urheber des poetischen Gefühls wurde nicht nur der Kupferkessel schlechthin, so wie er aus der Werkstatt des Handwerkers hervorgegangen ist, sondern so, wie er sich in den Händen der Hausfrau befunden hatte, nicht nur das Reißzeug, das wir auf dem Ladentisch sehen, sondern das Reißzeug auf dem Arbeitstisch des Architekten, nicht der Hase – ein Geschöpf der Natur, und nicht einmal der Hase – als Trophäe des Jägers, sondern der Hase – ein günstiger Kauf der Hausherrin oder Dienerin, mit Stolz auf den Küchentisch gelegt oder an die Wand des Vorratsgewölbes gehängt (Abb. 5).

Abb. 5 Jean-Baptiste Siméon Chardin: Stilleben mit Kaninchen. 1728. Öl a. Lw., 92 x 74 cm. Karlsruhe, Staatliche Kunsthalle

Die den Menschen umgebenden Dinge sind die materielle Verkörperung seiner Gefühle, seines eigenen Wesens. Die Gegenstände werden nicht nur vom Menschen geschaffen und genutzt, sondern sie wirken auch auf den Menschen, unter ihrer Einwirkung entfalten sich die menschlichen Gefühle und werden bereichert. Uns scheint, man kann diesen Gedanken von Karl Marx fortsetzen, indem man anerkennt, daß das Stilleben die Fähigkeit besitzt, nicht nur die materiellen und geistigen Qualitäten der Dinge festzuhalten, sondern auch die menschlichen Gefühle zu vervollkommnen.

[J. I. Kusnezow, 1983, S. 25 ff.]

Möbel und Glas. Ihre Beziehungen zur Stillebenmalerei

Das Sammeln von Gegenständen aller Art, mögen sie materiellen, historischen, ästhetischen oder ideellen Wert besitzen, gehört zu den menschlichen Eigenschaften schlechthin. Eine Folgeerscheinung der Sammeltätigkeit ist, für die angehäuften Dinge geeignete Behältnisse zu schaffen, in denen der Besitzer seine Sammlung übersichtlich ordnen und betrachten kann.

Solche Behältnismöbel wurden in prunkvoller Ausstattung vor allem seit der zweiten Hälfte des 16. Jahrhunderts und in der ersten Hälfte des 17. Jahrhunderts gebaut. Augsburg zählte zu den bedeutendsten Zentren, in denen die sogenannten Kabinettmöbel gefertigt worden sind. Oftmals ohne festen Untersatz und ausgestattet mit Traggriffen, waren diese Möbel transportabel und konnten an unterschiedlichen Orten aufgestellt und der Inhalt ausgebreitet werden. Diese äußerlich schlichten Möbel offenbarten erst geöffnet ihre reiche und farbige Gestaltung, manchmal mit stillebenartigen Darstellungen, beispielsweise mit Blüten und Tieren oder mit Gegenständen aus der Natur und der Antike. Die Dekoration des geöffneten Sammlungsschrankes nahm gleichsam Bezug auf die in seinem Inneren verborgenen Schätze.

Gesammelt wurden in dieser Zeit künstlerisch und handwerklich gearbeitete Gegenstände (Artificialia), besondere und interessante Objekte aus der Natur (Naturalia) sowie überlieferte oder aufgefundene Zeugnisse vergangener Kulturepochen (Antiquitas).

Mächtige und wohlhabende Sammler verwahrten ihren Besitz nicht nur in Schränken auf, sondern ließen eigens dafür Kunst- und Wunderkammern einrichten. [...] Sie wurden gern und oft hochgestellten oder diplomatisch wichtigen Persönlichkeiten gezeigt, einmal um die umfassende Bildung des Besitzers und zum anderen auch dessen materiellen Besitz und seine weitreichenden Beziehungen zu dokumentieren.

Eine andere Form der Darbietung von Sammlungen und angehäuften Reichtümern war die malerische Abbildung derselben (AH Bild 14). Hier wurde aber nicht nur durch die zur Schau gestellten Gegenstände der Besitzerstolz oder die Darstellung von Wissen und Kenntnis über die natürliche, künstlerische und historische Welt vergegenwärtigt, sondern die Gegenstände an sich wurden in ihrer Wertigkeit als abbildungswürdig befunden. Damit waren grundsätzliche Voraussetzungen für die Entwicklung der Stillebenmalerei erfüllt, denn vor allem in der Früh- und Blütezeit dieses Malereigenres wurden die Dinge so dargestellt, wie sie der zeitgenössische Betrachter in der realen Welt sah oder gebrauchte. Wir können deshalb aus diesen Bildern eine Reihe von historischen Kenntnissen über die wiedergegebenen Gegenstände erfahren, die uns entweder überhaupt nicht oder nur fragmentarisch durch erhaltene Sachzeugen oder archivalische Quellen überliefert sind. Fragen nach der Datierung eines Glases, nach der Entwicklung des Gefäßtyps oder nach Handhabung und Nutzung werden unter anderen durch zeitgenössische Abbildungen beantwortet. Im Gegensatz zur Malerei sind bekanntlich die Dinge der angewandten Kunst und so auch die Glasschöpfungen infolge meist fehlender Signierungen oder anderer schriftlicher Belege schwierig historisch einzuordnen.

In den niederländischen Stillebenbildern des 17. Jahrhunderts fällt beispielsweise eine Vielfalt der Römerform auf (AH Bild 10). [...] Sie dienten in den wohlhabenden Haushalten oder auf den Tischen der Schützengilde ausschließlich als repräsentatives Schaugeschirr. [...]

Neben der relativ massigen Form der Römer erscheinen in den Stilleben des öfteren die schlanken, hohen Flötengläser (AH Bild 11) sowie zarte, vielteilige Glasgefäße „à la Façon de Venise". In den Haushalten der nördlichen Niederlande waren nachweislich der Römer und das Flötenglas die wichtigsten gläsernen Trinkgefäße. Die dünnwandigen Gläser aus venezianischen Hütten – die unter anderen auch auf die weitreichenden holländischen Handelsbeziehungen verweisen – oder die Gläser in venezianischer Art aus niederländischen Hütten zählten zu den kostspieligen Luxusgefäßen, die weniger zum Gebrauch als vielmehr zum besonderen Schmuck der Tafel dienten.

Die zarte Durchsichtigkeit und die kapriziöse Formgebung dieser „venezianischen" Gläser weisen am deutlichsten auf die Zerbrechlichkeit des Materials hin. Auf diese negative Eigenschaft wird in den Bildern durch umgeworfene und deshalb zerschlagene Gläser bewußt hingewiesen. Anhand des zerstörten, ehemals kostbaren und schönen Glasgefäßes sollte aber gleichfalls dem Betrachter des Bildes vor Augen geführt werden, wie schnell auch das Leben des Menschen vergehen kann. Gefüllte Trinkgefäße als Symbol des Lebensgenusses, umgeworfen und zerstört als Sinnbild der Vergänglichkeit des Lebens geben dem Stilleben einen tiefen und zum Nachdenken anregenden Inhalt, den fast immer noch andere Gegenstände aus der realen Welt – wie Sanduhr und Kerze, angeschnittene Früchte und Pasteten, Totenschädel und Laute unterstreichen. [...]

[G. Haase, 1983, S. 173 f.]

3.2 Texte zu speziellen Themen

3.2.1 Die Anfänge des Stillebens

Schon die Antike hat das Stilleben gekannt, Plinius und Vitruv berichten in ihren Büchern davon. Aber erst aus römischer Zeit,

aus den Vesuvstädten Pompeji, Herculaneum, Stabiae und Oplontis sind uns erste Stilleben erhalten (AH Bild 1; Abb. 6).
Die reale Welt wurde im Mittelalter als Buch Gottes interpretiert. Das Kunstschöne war nicht zweckfrei, sondern als Hinweis auf Gott gedacht. Bilder dienten als Belehrung und Lektüre für Heiden. Vor diesem Hintergrund wundert es nicht, daß Stilleben keine große Rolle spielten (AH Bild 2), und wo sie auftauchten, sind sie so sehr Einzelfälle, daß sie als untypisch für ihre Zeit gelten dürfen (Abb. 7). Doch bereitet sich das Stilleben mit stillebenhaften Elementen in religiösen und auch profanen Darstellungen der Gotik, in Altargemälden (AH Bild 3), in der Buchmalerei (Abb. 8) und beispielsweise im Porträt (Abb. 9) vor.
Weitere Vorstufen des Stillebens finden sich am Ende des 15. Jahrhunderts in Intarsien (Abb. 10) und seit Anfang des 16. Jahrhunderts auch in den graphischen Künsten (Abb. 11). Naturstudien (AH Bild 5), wie sie im Zeitalter der Renaissance entstanden, dokumentieren das vom Mittelalter zur Neuzeit gewandelte Weltbild; seither gibt es (noch sehr vereinzelt) reine Stilleben. Zwei der frühesten europäischen Blumenstücke entstanden 1562 (Abb. 13). Die besondere Spielart der stillebenhaften Allegorie (AH Bild 8) ist typisch für die Zeit des Manierismus und geht der reichen Blüte des reinen Stillebens im 17. Jahrhundert voran.

Täuschende Nachahmung der Wirklichkeit als besonderer Beweis künstlerischen Könnens
Parrhasios [...] soll sich mit Zeuxis in einen Wettstreit eingelassen haben; dieser habe so erfolgreich gemalte Trauben ausgestellt, daß die Vögel zum Schauplatz herbeiflogen; Parrhasios aber habe einen so naturgetreu gemalten leinenen Vorhang aufgestellt, daß der auf das Urteil der Vögel stolze Zeuxis verlangte, man solle doch endlich den Vorhang wegnehmen und das Bild zeigen; als er seinen Irrtum einsah, habe er ihm in aufrichtiger Beschämung den Preis zuerkannt, weil er selbst zwar die Vögel, Parrhasios aber ihn als Künstler habe täuschen können.
[C. Plinius Secundus d. Ä., 1978, S. 55]

Xenien (Gastgeschenke)
Die Gastfreundschaft und der ehemalige Reichtum der Griechen führten dazu, daß sie ihren Gästen nicht nur Speiseräume und Schlafräume zur Verfügung stellten, sondern ihnen auch Vorratskammern einrichteten. Sie luden sie am ersten Tag zu Tisch, schickten ihnen dann aber Hühner, Eier, Gemüse, Obst und andere Nahrungsmittel. Deshalb nannten die Maler ihre Gemälde, worauf sie diese Gastgeschenke darstellten, Xenien. So fühlten sich die Fremden als Gäste wie im eigenen Hause und waren in ihren abgeschlossenen Räumen in ihrer Bewegungsfreiheit nicht beschränkt.
[Marcus Vitruvius Pollio, 1938, 6. Buch, 7. Kapitel, Absatz 4]

Fresko aus Herculaneum: Stilleben mit Rebhuhn und Granatäpfeln
Die Komposition ist einfach, nur drei Gegenstände sind dargestellt: ein großes Rebhuhn, das wie eine Jagdtrophäe an einem an der Decke befestigten Ring hängt, und zwei pralle Granatäpfel. Der eine liegt auf einer würfelförmigen Basis, der andere auf

Abb. 6 Fresko aus Herculaneum: Stilleben mit Rebhuhn und Granatäpfeln. Neapel, Nationalmuseum

dem Boden mit einem Stück von dem belaubten Zweig, von dem er abgerissen wurde. Das von rechts vorn hereinfallende Licht läßt die glatte, feste Schale der Granatäpfel, die zartgrünen Blätter und das weiche, flaumige Gefieder des Vogels an einigen Stellen hell aufleuchten und projiziert dunkle Schatten der Gegenstände auf die Wand und den Boden.

[A. und B. Maiuri, 1958, S. 130]

Hugo von St. Viktor (1096–1141): Sichtbare und unsichtbare Schönheit

Unsere Seele kann nicht direkt zur Wahrheit des Unsichtbaren aufsteigen, es sei denn, sie wäre durch die Betrachtung des Sichtbaren geschult, und zwar so, daß sie in den sichtbaren Formen Sinnbilder der unsichtbaren Schönheit erkennt. Da nun aber die Schönheit der sichtbaren Dinge in ihren Formen gegeben ist, läßt sich entsprechend aus den sichtbaren Formen die unsichtbare Schönheit beweisen, weil die sichtbare Schönheit ein Abbild der unsichtbaren Schönheit ist.

[Hugo von St. Viktor, 1978(a), S. 52]

Hugo von St. Viktor: Die Welt als Buch Gottes

Diese ganze [...] wahrnehmbare Welt ist wie ein Buch, das von der Hand Gottes geschrieben wurde [...], und die einzelnen Geschöpfe sind den Figuren zu vergleichen. Sie sind jedoch nicht nach menschlichem Ermessen, sondern nach göttlichem Willen eingefügt, um die unsichtbare Weisheit Gottes kundzutun.

[Hugo von St. Viktor, 1978(b), S. 53]

Abt Suger von Saint-Denis (1096–1141): Verse für das Portal der Kathedrale von Saint-Denis

Wer immer du seist, wenn du strebst, zu erheben den Ruhm dieser Tore,
Staune nicht an das Gold und den Aufwand, sondern die Arbeit.
Edel erstrahlt das Werk, doch das Werk, das edel erstrahlet,
Möge erleuchten die Geister, daß sie eingehen durch die wahren Lichter
Zum wahren Licht, wo Christus das wahre Tor ist.
Welcherart es im Inneren sei, bestimmt diese goldene Pforte:
Der schwache Geist erhebt sich zum Wahren durch das Materielle
Und sehnend erhebt er sich durch das Licht aus seiner Versunkenheit.

[Suger von Saint-Denis, 1978, S. 51]

Gregor der Große: Bilder als Lektüre für Analphabeten und Heiden

Wir haben vernommen, daß Du in blindem Eifer Bilder von Heiligen zerstört hast, damit sie nicht angebetet würden. Wir billigen durchaus, daß Du verboten hast, sie anzubeten, aber wir mißbilligen, daß Du sie zerstört hast. [...] Bilder anbeten oder aus dem Dargestellten lernen, was anbetungswürdig ist, sind nämlich zwei verschiedene Dinge. Denn was den Lesenden die Schrift, das sind die Bilder für die Analphabeten, die darin sehen, was sie befolgen sollen, und daraus lesen, was sie nicht aus Büchern lesen können; so sind die Bilder vor allem die Lektüre der Heiden. Das hättest gerade Du bedenken sollen, der Du unter den Heiden wohnst [...]. Es darf also nicht zerstört werden, was nicht zum Anbeten, sondern nur zur Belehrung der Unwissenden in den Kirchen aufgestellt wurde.

[Gregor der Große, 1978, S. 47]

Taddeo Gaddi: Nischen mit liturgischen Geräten

Zwei al fresco gemalte gotische Stillebenkompositionen in der Cappella Baroncelli von Santa Croce in Florenz, die auf 1337/38 datiert werden können, sind Arbeiten von Taddeo Gaddi (gest. 1366), dem berühmten Schüler Giottos. Auf jedem Fresko ist eine Nische dargestellt, deren Öffnung ein von Rosetten flankierter Dreipaß umrahmt; jede der beiden Nischen ist einmal unterteilt. Im unteren Fach und auf dem Fachbrett befinden sich, jeweils zwangslos verteilt mit reichlich Zwischenraum, Gegenstände des liturgischen Gebrauchs: in der einen eine Patene, eine Pyxis und zwei Phiolen, in der anderen ein Kerzenständer und ein Buch (wahrscheinlich ein Gebet- oder ein Meßbuch). Diese beiden Nischen [...] sind sowohl hinsichtlich ihrer liturgischen Objekte wie auch ihrer Umrahmung illusionistisch aufgefaßt.

Abb. 7 Taddeo Gaddi: Nischen mit liturgischen Geräten. 1337/38. Fresken. Florenz, S. Croce, Baroncelli-Kapelle

Die Perspektive ist richtig und die Lichtführung konsequent. Die enge Verbindung des Meisters mit Giotto ist augenfällig. Tatsächlich finden sich hier alle wesentlichen Elemente, die später Stilleben ausmachen.

[I. Bergström u. a., 1979, S. 15 f.]

Buchmalerei: Maria von Burgund liest in ihrem Gebetbuch

Maria von Burgund ist an einem offenen Fenster sitzend dargestellt. Sie liest in einem Gebetbuch und hat ein Hündchen auf dem Schoß. Auf dem Fensterbrett liegen ein Schmuckstück an einer langen Goldkette und zwei rote Nelken; in einem Glasbecher stehen langstielige Schwertlilien.

Das bisher Geschilderte ist eine Mischung aus Porträt und Genrebild. Es bildet jedoch „nur" die Randleiste des illuminierten Blattes – Hauptgegenstand der Seite ist Maria mit dem Christuskind, die in einer Kirche vor dem Altar thront und von einer aus Frauen, vier kleinen Engeln und einem Mann bestehenden Gruppe angebetet wird. Das Hauptsujet ist also in den Hintergrund gedrängt, ist scheinbar nebensächlich geworden. Statt dessen wurde Nachdruck auf die Randleiste gelegt. [...] Die Vase mit Schwertlilien und die beiden Nelken dicht daneben sind jedoch verkappte Symbole, die ursprünglich zur Ikonographie der religiösen Szene gehören, da die Nelke die Fleischwerdung und Passion Christi symbolisiert und die Schwertlilien Marias Schmerz um ihren Sohn beim Anblick seines Leidens am Kreuz versinnbildlichen. Die Symbole sind aus der ursprünglichen Umgebung, der kultischen Szene, herausgenommen und in eine neue Umgebung in der Randleiste hineingesetzt worden. Dieses damals nicht seltene Phänomen erhellt eine der Möglichkeiten, die zur Entstehung von Blumenstücken führten. Symbole haben die Tendenz, sich aus der figürlichen Szene, in die sie ursprünglich

Abb. 8 Meister der Maria von Burgund: Maria von Burgund liest in ihrem Gebetbuch. Um 1480. Miniatur, 22,5 x 15 cm. Wien, Nationalbibliothek

hineingehören, loszulösen und in einem Stilleben Selbständigkeit zu erlangen. [...]
[I. Bergström u. a., 1979, S. 28 ff.]

Meister von Frankfurt: Der Maler und seine Frau

Die verkappte Symbolik im Porträt gibt ein bemerkenswertes Doppelporträt des sogenannten Meisters von Frankfurt (1460–1525?) wieder, eines Flamen, der sich selbst und seine Frau vor einem gedeckten Tisch dargestellt hat. [...] Auf dem glücklicherweise erhaltenen Originalrahmen ist das Jahr 1496 als Entstehungsdatum verzeichnet, und dort ist auch das Alter des Porträtierten mit 36 und 27 Jahren angegeben. Über den Köpfen des Paares befindet sich als vergoldeter Dekor eine spätgotische gemalte Ranke und in deren Mitte der geflügelte Kopf des Ochsen des heiligen Lukas, der das Wappen der Antwerpener Malergilde hält mit der Unterschrift: *Wt Jonsten Versaemt* (In Freundschaft vereint).

Man könnte das Porträt auf den ersten Blick einfach für eine Szene aus dem Alltagsleben halten, aber das dargestellte Mahl hat einen doppelten Sinn. Außer der flämischen Wirklichkeit, die es wiedergibt, muß es als symbolisches Mahl angesehen werden, das mit Brot und Wein eine eucharistische Bedeutung hat und mit den Kirschen die Früchte des Paradieses versinnbildlichen will. Und die beiden Fliegen, von denen die eine auf dem Tisch und die andere auf dem weißen Tuch der Frau umherkriecht, beide unübersehbar, sind Symbole der Vergänglichkeit. [...] Um alle Zweifel zu zerstreuen, die ein Beschauer hinsichtlich der Sphäre, in die das Doppelporträt hineingehört, etwa hegen könnte, hat der Maler die Blumenvase mit der Inschrift IESSUS MA(RIA) versehen, den beiden Namen, auf die sich die Hoffnung des Menschen auf Erlösung und Auferstehung in erster Linie richtet. [I. Bergström u. a., 1979, S. 24 f.]

Abb. 9 Meister von Frankfurt: Der Maler und seine Frau. 1496. 37,5 x 26 cm. Antwerpen, Koninklijk Museum voor Schone Kunsten

Leonardo Marti: Intarsia von einem Lesepult

Die Abbildung zeigt ein Detail des kunstvoll geschnitzten Lesepults (Leggio) aus dem 15. Jahrhundert, das sich jetzt in der Chiesa di San Francesco in Lucca befindet. [...] Dieses prächtige Stück ist eine Arbeit von Leonardo Marti. Das Pult, das die Bücher für den Gottesdienst tragen soll, hat auf beiden Seiten ein Feld in Breitformat, das eine Vase mit Nelken zeigt, und die schwere Basis zeigt auf allen vier Seiten Vasenpaare mit Nelken, die jeweils in einer oben gewölbten Nische auf einer schmalen Tischplatte stehen. Bedenkt man, daß das Lesepult dazu bestimmt war, das Verbum (Wort Gottes) zu tragen, so scheinen Nelken ein gutgewähltes Schmuckmotiv zu sein. Die symbolische Bedeutung dieser Blume ist hier wohl die Inkarnation Christi, der das fleischgewordene Wort ist, und symbolisiert damit auch die Passion Christi.

Abb. 10 Leonardo Marti: Intarsia von einem Lesepult (Detail.) Lucca, S. Francesco

Tisch, Vase und Blumen sind aus hellgelbem Holz. Die natürlichen Farben der Pflanzen fehlen also. Dadurch wird der graphische Charakter der Darstellung noch hervorgehoben. [I. Bergström u. a., 1979, S. 14]

Jacques de Gheyn der Ältere: Vanitas

Ein Kupterstich von Jacob de Gheyn dem Älteren zeigt eine mit Juwelen geschmückte Dame in reicher Kleidung. Sie hält einen Spiegel in der Hand, in dem sie ihre Schönheit bewundert. Sie ist eine Personifikation der Vanitas. Auf dem Tisch neben ihr befinden sich neben anderen Dingen ein Brettspiel mit Würfeln, Spielkarten, ein Deckel-

Abb. 11 Jacob (Jacques) de Gheyn der Ältere: Vanitas. Kupferstich.

pokal, Schmuckstücke und Münzen. Diese Gegenstände weisen auf die Gelüste des Menschen und auf die Vergänglichkeit der weltlichen Reichtümer hin.

[I. Bergström u. a., 1979, S. 32]

Zur Tradition der Naturstudie

Setzt man den Beginn der neuzeitlichen naturalistischen Malerei mit Giotto an, dann sollten noch mehr als eineinhalb Jahrhunderte bis zu Dürers Naturstudien (AH Bild 5) vergehen. Erst in der Renaissance wurde auch für die deutsche Kunst die Nachahmung der Wirklichkeit zum erklärten künstlerischen Programm und die Naturtreue zum Maßstab für die Wahrhaftigkeit eines Kunstwerkes. Daraus resultiert das Studium nach der Natur – die Naturstudie – als unentbehrliche Grundlage im künstlerischen Schaffensprozeß. Ins Vorlagen-Repertoire aufgenommen, konnte auf solche Studien nach Bedarf zurückgegriffen werden. [...]

Mit der Befreiung der Kunst vom Zwange mittelalterlichen Zunftbrauches und handwerklicher Enge erweiterte sich auch der Wissenshorizont: Als Vertreter der „artes liberales“ erfüllt von neuem Selbstverständnis, nähert sich der Künstler in der schauenden Erforschung der Natur der Wissenschaft. Von Giotto über Giovannino de' Grassi oder Pisanello können wir eine ständig zunehmende Naturgenauigkeit beobachten, die an der Wende des 15. und 16. Jahrhunderts, am Beginn der Renaissance, bei Leonardo und Dürer mit der Aussage des Künstlers und der Sachlichkeit des Naturforschers zu jener Art von Naturdarstellung verschmolz, deren zeichnerische Umsetzung in signifikanter Weise zum Resultat sehenden Erkennens wurde: „Dasjenige Gemälde“, urteilt Leonardo in seinem Traktat über die Malerei, „ist das lobenswerteste, das die meiste Ähnlichkeit mit der wiedergegebenen Sache hat, und dieses sage ich zur Widerlegung solcher Maler, die die Naturdinge verbessern wollen.“

Dürers Worte sprechen diesen Gedanken noch direkter aus: „Aber daz leben in der natur gibt zu erkennen die warheyt diser ding“ und „Darumb nym dir nimer mer fuͤr, das du etwas besser muͤgest oder welest machen dann es Gott seiner erschaffnen natur zu wuͤrken krafft gebenn hat... Dann wahrhafftig steckt die kunst inn der natur, wer sie herauß kan reyssenn, der hat sie“. Solcherart theoretisch unterlegt, findet die Naturstudie als oberstes Postulat der Renaissance ihre künstlerische Legitimation. In der Wiedergabe des Sichtbaren ist Dürer Künstler und Forscher zugleich. Damit zählen seine Studien nach der Natur nicht nur zu den Cimelien deutscher Zeichenkunst, sondern auch zu den Inkunabeln wissenschaftlicher Illustration: „Indes verfuhr Dürer weder wie ein Zoologe noch wie ein Anatom, hat nicht wie Leonardo seziert und das innere Gefüge aufgedeckt, sondern die Geschöpfe von außen angesehen und das Gewächs in seiner Ganzheit erstehen lassen.“

[F. Koreny, 1985, S. 13 f.]

3.2.2 Das 17. und 18. Jahrhundert

Man hat mit Erfolg die unterschiedlichen Stilmerkmale flämischer und holländischer Malerei im 17. Jahrhundert mit außerkünstlerischen Tatsachen erklärt und dabei auf kriegerische Auseinandersetzungen der beiden Länder hingewiesen, auf die verschiedenen wirtschaftlichen und sozialen Verhältnisse aufmerksam gemacht und die unterschiedlichen Glaubensbekenntnisse betont (Abb. 12). Bezeichnend für das bürgerliche Holland ist die Herausbildung eines Kunstmarkts, der von hochspezialisierten Malern mit Kunstwerken beschickt wurde, die zwischen Schilderung zeitgenössischer Wirklichkeit und moralischer Belehrung angesiedelt waren. Exemplarisch werden – herausgegriffen aus der Fülle der in den Niederlanden entstandenen Bildgattungen – am Motiv des Blumenstillebens ikonographische und stilistische Merkmale charakterisiert (Abb. 13–16). Ein Exkurs über den Handel mit Blumen untersucht typische kulturgeschichtliche Phänomene (Abb. 17); eine Preisliste für Tulpen gibt höchst interessante Vergleichszahlen zu Werten anderer Waren. Der letzte Text in dieser Reihe behandelt Jean-Baptiste Siméon Chardin, den bedeutendsten Stillebenmaler des 18. Jahrhunderts, und lenkt den Blick auf kommende, neuartige Entwicklungen im 19. Jahrhundert (Abb. 18).

Die Geschichte der Niederlande: Von der Spaltung des Glaubens bis zur Teilung des Landes

Die Niederlande bis zum Ende der burgundischen Herrschaft

Die niederländischen Provinzen Flandern, Holland, Hennegau, Artois, Limburg, Geldern, Kleve und Brabant gehörten schon im Mittelalter zu den reichsten Ländern Europas. Die Quellen dieses Reichtums waren vor allem die Tuchmanufaktur und der weitgespannte Handel, welchen die Niederländer, begünstigt durch die geographische Lage ihrer Städte, mit der damals bekannten Welt trieben.

Im Jahre 1384 fielen die Niederlande an die

Herzöge von Burgund, eine Seitenlinie des französischen Königshauses Valois. Die burgundischen Herzöge, vor allem Philipp der Gute (1396–1467) und Karl der Kühne (1433–1477), schufen ein Reich, das durch wirtschaftliche Macht und zentrale Verwaltung zum Modell eines modernen Staatswesens wurde und dessen üppige höfische Kultur nachhaltigen Eindruck auf die Zeitgenossen wie auf die Nachwelt machte. Karl V. (1500–1558) übertrug zum Beispiel das burgundische Hofzeremoniell nach Madrid, und andere euorpäische Fürsten folgten seinem Beispiel. [...]

Zwar unter höfischem Einfluß, jedoch in vielem eigenständig entwickelte das niederländische Bürgertum eine neue Kultur, die der italienischen Renaissance in manchem ähnlich war. Das Bürgertum, das den Staat zumindest wirtschaftlich trug, wurde nun neben dem Hof und der Kirche zum wichtigsten Auftraggeber der Künstler. [...] Die naturgetreue Malweise, die zuerst Jan van Eyck (um 1390–1441), der Hofmaler Philipps des Guten, entwickelte, drückte die bürgerlich-diesseitige neue Welt-Anschauung künstlerisch aus. Auch die Heiligen wurden aus den goldenen Himmeln herabgeholt und in die reale Welt gestellt. An die Stelle der entrückten Himmelskönigin trat die Muttergottes: eine hübsche junge Frau mit einem lieblichen Kind auf dem Arm, zuweilen in recht bürgerlicher Umgebung.

Die Niederlande unter Karl V. (1500–1558)

Antwerpen war nunmehr der Mittelpunkt des Weltmarktes. Hier besaßen die Fugger eine Niederlassung, hier schlugen die Portugiesen ihre indischen Gewürze um, hier stapelten italienische, deutsche und spanische Kaufleute ihre Waren. Den Zeitgenossen galt Antwerpen als „terre commune de toutes les nations". So international wie der Markt waren bald auch die Künste: Die einheimischen kunsthandwerklichen Manufakturen wetteiferten mit Produzenten aus aller Herren Länder, die hier ihre Waren feilboten. Durch Holzschnitte und Kupferstiche lernten die Antwerpener Maler vor allem italienische Meister kennen. Einige Maler reisten auch selbst nach Italien, und ihre Eindrücke schlugen sich in einer neuen, an der italienischen Renaissance orientierten Malweise nieder. [...]

Weltoffenheit und Toleranz bildeten auch die Grundlage des niederländischen Humanismus. Dessen wichtigster Vertreter Erasmus von Rotterdam (1469–1536) zog gegen die kirchliche Engstirnigkeit und Volksverdummung zu Felde, vor allem aber gegen die Reliquien- und Bilderverehrung. Nicht an der didaktischen Funktion von Bildern und Statuen nahmen die Humanisten Anstoß: Bilder, welche der Unterweisung der häufig analphabetischen Gläubigen in der Heilsgeschichte dienten, wurden durchaus für nützlich befunden. Das Ärgernis waren die wundertätigen Gnadenbilder, von deren Verehrung sich der Beter Fürsprache und Ablaß erhoffte.

Karl V. wurde 1515 in der Nachfolge seines Vaters Herzog von Burgund, und im darauffolgenden Jahr trat er das Erbe seiner Mutter Johanna an: in St. Gudula in Brüssel wurde er zum spanischen König gekrönt. Im Jahre 1519 erlangte er schließlich die deutsche Kaiserwürde. Karl V. war nun der mächtigste Herrscher Europas. Er war es, „in dessen Weltreich die Sonne nicht unterging" – ein Wort der Zeit, das sein Bild auch für die Nachwelt prägte. [...]

Karl V. verstand gleich beim ersten Auftreten der Reformation, welche Bedrohung eine Glaubensspaltung für seine universale Monarchie darstellte. Mit harten Ketzerverfolgungen suchte er deshalb die Häresie im Keim zu ersticken. Im Jahre 1530 erließ er ein Edikt, nach welchem allen die Todesstrafe drohte, „die über den Glauben diskutieren, ohne Theologen zu sein, die Häretiker kennen und diese nicht denunzieren, die Schriften ohne staatliche Erlaubnis drucken oder verteilen", und so fort. Viele Lutherische sahen sich damals gezwungen, entweder ihrem Glauben abzuschwören oder auszuwandern. Wiedertäufern stand noch nicht einmal dieser Weg offen. Sie gewannen durch Abschwören nichts als eine mildere Todesart.

Schon schien es, als hätten die Bemühungen Karls V. Erfolg und die Gefahr einer Kirchenspaltung in den Niederlanden sei gebannt, da drang gegen Ende seiner Regierungszeit von Frankreich her der Calvinismus in die

Niederlande ein. Der Calvinismus aber war eine Konfession, deren Glaubensinhalte weit eher den Bedürfnissen der Bevölkerung entsprachen als die Utopien der Wiedertäufer, und zugleich verfügten die Calvinisten über eine ähnlich straffe Organisation wie die alte Kirche, wodurch sie wiederum den Lutherischen überlegen waren. Die Calvinisten waren es schließlich, die mit der politischen Opposition der antihabsburgischen Widerstandsbewegung die wahre Kraft gaben.

Die Niederlande unter der Herrschaft Philipps II. (1527–1598)

Als Philipp II. 1556 das Erbe Karls V. antrat, standen die Niederlande trotz der vielen Kriege, die sie seinem Vater finanziert hatten, wirtschaftlich in höchster Blüte.

Gleichwohl gärte es im niederländischen Volk, und zwar in allen Schichten. Hatte doch Karl V. vor allem gegen Ende seiner Herrschaft bei der Vergabe einträglicher Staatsämter häufig den nationalen Adel zugunsten ausländischer Beamter übergangen. Diese frühabsolutistische Stellenpolitik führte alsbald zur Verarmung zahlreicher niederländischer Adliger, welche im Unterschied zum Bürgertum vom Segen des Handels und des Manufakturwesens weitgehend ausgeschlossen waren.

Zur Verärgerung des Adels setzte Philipp II. die Personalpolitik seines Vaters verstärkt fort, indem er nahezu alle freiwerdenden Ämter mit spanischen Beamten besetzte. Aber auch das wohlhabende Bürgertum war mit der Regierung des spanischen Königs unzufrieden, gehörte es doch zu den Anhängern der calvinistischen Konfession, die auszurotten sich Philipp II. zum Ziel gesetzt hatte. Zu diesem Zweck erneuerte und verschärfte er die Ketzeredikte seines Vaters; ferner plante er, auch in den Niederlanden die spanische Inquisition einzuführen, von der Schiller schrieb, daß die „Vermessenheit ihrer

Abb. 12 Die niederländischen Provinzen 1559

Urteilssprüche nur von der Unmenschlichkeit übertroffen wurde, mit der sie vollstreckt wurden". [...]
Allenthalben begannen sich in den Niederlanden Widerstandsgruppen zu bilden: Calvinisten zogen über Land und predigten im Freien, da sie über keine Kirchenräume verfügten. Zahlreiche Gläubige zogen zu diesen sogenannten Heckenpredigten, häufig bewaffnet, um sich und die Redner vor den Übergriffen der Staatsgewalt zu schützen.
Überall erhoben sich Aufstände. Im Herbst 1566 brach an mehreren Orten fast gleichzeitig ein gewaltiger Bildersturm los: Scharen von Protestanten stürmten die katholischen Kirchen und zertrümmerten in kürzerster Zeit alle Bilder und Statuen, derer sie habhaft werden konnten. [...]
Alle Reformatoren wie die Humanisten lehnten die katholische Bilderverehrung ab, aber auch sie waren sich der didaktischen Möglichkeiten der Bilder bewußt. Luther schrieb fast verschämt zu dieser Frage: „Vulgus libentius videt quam bene scriptum librum", das Volk sieht lieber ein gemaltes Bild als ein wohlgeschriebenes Buch. Calvin beschäftigte sich in seiner 1536 erschienenen „Christianae religionis institutio" ausführlicher mit dem Problem der bildlichen Darstellung: „Es bleibt, daß man nur jene Dinge malen oder darstellen sollte, die wirklich vorhanden sind, und daß die Majestät Gottes, die nicht mit dem Auge erblickt werden kann, nicht durch perverse und unkeusche Götzenbilder beschmutzt werde. Unter den Dingen, die wirklich dargestellt werden können, gibt es zwei Arten; die erste enthält die Historien und die zweite die Bäume, Berge, Flüsse und Personen, die man ohne bedeutungsvolle Absicht malt. Die ersteren sorgen für Belehrung, die zweiten existieren nur zur Freude."
In dieser theologischen Ästhetik finden sich die Grundlagen des Naturalismus, welcher vor allem die Kunst der späteren niederländischen Republik auszeichnen sollte; die Staatsreligion dieser Republik aber war der Calvinismus. [...]
Um den Aufstand zu unterdrücken, schickte Philipp II. Herzog Alba in die Niederlande. Im Frühjahr 1567 zog Alba an der Spitze einer gewaltigen Armee in Brüssel ein. Seine Ankunft verbreitete Furcht und Schrecken: Tausende flohen ins Ausland, Hunderte ließ er durch seine Blutgerichte ermorden. [...] 1568 starb der dem spanischen König loyal gesinnte Graf Egmont auf dem Schafott. Die Empörung des Volkes war groß. Viele seiner Führer waren geflohen; so auch Wilhelm von Oranien. Er zog nun mit einem im Ausland gesammelten Heer gegen Alba und die spanische Herrschaft. Der Freiheitskampf der Niederlande hatte begonnen. Die calvinistisch gesinnten Nordprovinzen erklärten 1581 ihre Unabhängigkeit vom spanischen Königreich und beschlossen 1584 ihre Verfassung. Der Süden kehrte mehr oder minder freiwillig unter die spanische Krone und in den Schoß der katholischen Kirche zurück. [...]

Die südlichen Niederlande unter den Erzherzögen Albert (1559–1621) und Isabella (1556–1633)

Im Jahre 1609 wurde ein zwölfjähriger Waffenstillstand mit den Nordprovinzen geschlossen, welcher deren politische Anerkennung durch den spanischen König enthielt. Dieser Vertrag legte gleichsam das Fundament zum „Goldenen Zeitalter" der nördlichen Niederlande, aber auch dem Süden bescherte er eine ruhige Phase der Restauration und eine letzte Blüte flämischer Kultur. Dieser Aufschwung stand im Zeichen der katholischen Gegenreformation. [...]
Den größten Einfluß erlangten die Jesuiten; seit 1542 in den Niederlanden ansässig, hatten sie von Anfang an den Kampf gegen den Calvinismus auf ihr Banner geschrieben. [...] Gemäß den Vorschriften des Konzils von Trient organisierten die Jesuiten die Bevölkerung, die durch den häufigen Konfessionswechsel verunsichert war, in Bruderschaften; zur Unterweisung der Kinder richteten sie Sonntagsschulen ein; die Oberschicht bildeten sie in ihren Kollegien aus; weite Teile des bürgerlichen Lebens wurden nunmehr von der Geistlichkeit bestimmt.
Zum wichtigsten Propagandamittel aber wurde die Kunst. [...] Allenthalben entstanden neue Kirchen, Klostergebäude, Kollegien und Kapellen.
Gleichwohl war es ein Künstler und kein Theologe, der den Stil der flämischen

Gegenreformation prägte – im Urteil der Zeitgenossen wie der Nachwelt: Im Jahre 1608 kehrte Peter Paul Rubens (1577–1640) nach achtjähriger Tätigkeit in Italien in seine Heimatstadt Antwerpen zurück. Im darauffolgenden Jahr wurde er zum Hofmaler ernannt; Rubens schuf die Kunst der „ecclesia triumphans", jener Kirche, die zwar die Protestanten nicht mehr besiegen konnte, wohl aber in manchen Ländern die Herrschaft zurückerobert hatte. Rubens' Kirchenbilder stellen oft „kontroverstheologische" Themen dar, das heißt, eben jene, welche die Protestanten nicht anerkannten, etwa die Himmelfahrt Mariens, die Unbefleckte Empfängnis, den Triumph der Eucharistie. Auch die zahlreichen Heiligendarstellungen Rubens' gehören zu den von den Protestanten bekämpften Bildern.

Die Republik der Vereinigten Niederlande (Holland)

Wenn die Niederländer heute von ihrem „gouden eeuw" (goldenen Zeitalter) sprechen, dann meinen sie ungefähr das, was wir uns unter dem Begriff „Holland zur Zeit Rembrandts" vorstellen. Die Blütezeit der Republik der Vereinigten Niederlande, die auch jenen nicht wieder erreichten Höhepunkt der Malerei ermöglichte, umfaßt im wesentlichen die ersten drei Viertel des 17. Jahrhunderts.

Die formelle internationale Anerkennung des jungen Staates erfolgte erst im Friedensschluß zu Münster 1648. Dieser beendete nicht nur den deutschen 30jährigen Krieg, sondern eben auch den bereits 80 Jahre andauernden Unabhängigkeitskrieg der Vereinigten Niederlande, die sich von der weltlichen Oberhoheit des spanischen Königs und von der religiösen Herrschaft der Katholischen Kirche losgesagt hatten. Faktisch anerkannt waren sie bereits seit dem 12jährigen Waffenstillstand mit Spanien von 1609. Da sich die Kampfhandlungen seit dieser Zeit kaum mehr auf dem Boden der Republik selbst, sondern hauptsächlich auf See und in den überseeischen Kolonien abspielten, konnten sich Handel und Kapitalmarkt, aber auch Gewerbe und Landwirtschaft entfalten. Unter den damaligen europäischen Staaten spielte die Niederländische Republik aufgrund ihrer Wirtschaftsmacht und ihres Kolonialhandels eine gewichtige Rolle. [...] Die aus den sieben nördlichen Provinzen gebildete Republik hielt an dem Gremium der Generalstaaten fest, die eine Art „Bundesrat" bildeten. Nur erhielten diese jetzt Entscheidungsbefugnis, sie traten an die Stelle des Monarchen, also des spanischen Königs. Auch einen Statthalter gab es weiterhin, doch war dieser nun dem neuen Souverän, den Generalstaaten, untergeordnet. Dennoch übte der Statthalter einen bemerkenswerten politischen Einfluß aus und verfügte über eine fast fürstliche Hofhaltung. Die Generalstaaten setzten sich aus Vertretern der Provinzialstaaten zusammen, mit denen die Abgeordneten bei strittigen Fragen Rücksprache halten mußten, weil sie an ihre Maßgaben gebunden waren.

Die Provinzialstaaten waren das Regierungsorgan der einzelnen Provinzen. Ihre Zusammensetzung entsprach einem jeweils unterschiedlichen Schlüssel, doch überwogen insgesamt die Vertreter der Stadtregierungen gegenüber nur noch wenigen Vertretern des Adels, der vor allem in den östlichen Provinzen noch obrigkeitliche Funktionen auf dem flachen Land ausübte. Da die Stadtregierungen ausschließlich aus Patriziern, den sogenannten Regenten, gebildet wurden, lag die entscheidende politische Macht in den Händen des Großbürgertums, das man als „Geldadel" bezeichnen könnte. Die Regenten wurden auf keiner Ebene vom Volk gewählt oder kontrolliert. Daher war die Niederländische Republik keine parlamentarische Demokratie im heutigen Sinne, sondern eine Staatsform, in der die Klasse der Besitzenden buchstäblich die Reichsten, eine absolute Herrschaft ausübte. Das Volk behielt den Status von Untertanen, die kaum Anteil an dem immensen Reichtum hatten, der im Lauf des 17. Jahrhunderts in der Republik angehäuft wurde. Dennoch bot dieser Staat im Vergleich zu anderen europäischen Ländern günstige materielle Lebensbedingungen und ein tolerantes geistiges Klima. Deshalb waren die Vereinigten Niederlande nicht nur für ihre protestantischen Landsleute aus den südlichen Provinzen ein geschätztes Einwanderungsland, sondern auch für die Protestanten (Hugenotten) aus Frankreich und für

Arbeitssuchende aus anderen Ländern (besonders Deutschland).
[Staatliche Kunsthalle Karlsruhe, 1983a, o. S.]

Die Provinz Holland als Beispiel der Konzentration wirtschaftlicher Macht

Die Provinz Holland spielte wegen ihres Städtereichtums und der damit verbundenen wirtschaftlichen Übermacht die gewichtigste Rolle unter den Abgeordneten der sieben Provinzen in den Generalstaaten. Unter den holländischen Städten wiederum hatte Amsterdam die Vorrangstellung (1622: 105 000, 1650: 150 000 Einwohner). Nach dem Fall Antwerpens hatte Amsterdam dessen Position als Warenumschlagplatz und Stapelmarkt für ganz Europa und für den Kolonialhandel sowie als Finanzmetropole übernommen. Äußerlich zeigte sich die neue Bedeutung des Amsterdamer Kapitalmarktes in der Gründung der Wechselbank (1609) und in der Errichtung der Börse (1611). Neben den modernen Geschäftspraktiken, die von Antwerpen übernommen wurden, gab es auch eine wichtige Neuerung: den Handel und die Spekulation mit Aktien. Auch der Handel mit Edelmetallen für die Münzprägung sollte ein bedeutender Wirtschaftsfaktor für die Republik werden. Die Übernahme der Rolle Antwerpens war nur möglich, weil Amsterdam während des 16. Jahrhunderts durch den ertragreichen Ostseehandel und die eigene Handelsflotte schon stark gewachsen war. Der Import von Getreide, Holz, Hanf, Flachs, Pech und Teer aus dem Baltikum und von Holz, Kupfer und Eisen aus Skandinavien und der Export von Salz, Hering, Wein, Ziegeln und Tuch in die Ostseeländer blieb auch im 17. Jahrhundert das Kernstück des Amsterdamer Reichtums. Auch der intensive Handelsaustausch mit England blieb so lange konstant, bis sich England als zu starker Konkurrent erwies; dies führte zu Formen des Wirtschaftskrieges und schließlich zu den niederländisch-englischen Kriegen der zweiten Jahrhunderthälfte. Neu hinzu kam der Handel mit Rußland, Italien und der Türkei. Selbst der Handel mit Spanien war während des Unabhängigkeitskrieges nur kurze Zeit unterbrochen, weil beide Länder auf bestimmte Waren des anderen (Getreide und Salz) angewiesen waren. Außerdem mußte jeder, der mit dem Feind handelte, dafür eine Lizenz bei den Admiralitäten (Aufsichtsorgane der Kriegsflotte) erwerben – und das war eine der wichtigsten Einnahmequellen für die eigene Kriegsführung. Die Republik ließ sogar zu, daß Soldzahlungen an die spanischen Truppen in den südlichen Provinzen über Amsterdam abgewickelt wurden. Überhaupt lieferten die Kaufleute der Republik Waffen an sämtliche kriegsführende Parteien des 17. Jahrhunderts, und das waren bekanntlich nicht wenige. Politisch weniger heikel, weil leichter im Verborgenen zu betreiben, war die Finanzierung der verschiedenen Kriege durch Kredite. Auch dieses Geschäft hatte seinen Hauptsitz in Amsterdam.
Neben der überragenden Bedeutung des Waren- und Kapitalhandels von Amsterdam traten die dort ebenfalls aufblühenden Gewerbe an Wichtigkeit zurück. Nur einige der bemerkenswertesten seien aufgezählt: Schiffsbau, Seidenindustrie, Glasbläsereien und Herstellung optischer und anderer wissenschaftlicher Instrumente, Seifensiedereien, Zuckerraffinerien, Buchdruckereien und Herstellung von Drucktypen für den Export. All diese Gewerbe veredelten importierte Rohstoffe, was wirtschaftspolitisch dadurch gefördert wurde, daß die Republik hohe Einfuhrzölle für entsprechende Fertigprodukte erhob.
[Staatliche Kunsthalle Karlsruhe, 1983 b, o. S.]

Die holländische Malerei – Kunstmarkt und Spezialisierung

Ein Grund für das Aufblühen der holländischen Malerei im 17. Jahrhundert ist nicht zuletzt darin zu sehen, daß eine Vielzahl von Bürgern, etwa durch den Seehandel reich geworden, ihr Kapital in Kunst anlegte. Kunst als Kapitalanlage spielte schon zu jener Zeit eine große Rolle. Das wurde begünstigt durch bestimmte Strukturen der Kunst-Verteilung. Während normalerweise Kunst im Umkreis der Kirche oder der Höfe erst dann entstand, wenn ein Auftraggeber beim Künstler ein bestimmtes Werk bestellte, fehlte in den nördlichen Niederlanden vielfach das direkte Auftragsverhältnis. An die Stelle der Auftraggeber traten die Kunsthändler, die auf Märkten die Bilder

verkauften. Damit hängt das in der Regel kleine Format dieser Bilder zusammen: große Formate lassen sich nicht so leicht transportieren, sind nicht so leicht in einer Bürgerwohnung unterzubringen.
Eine andere Folge ist die weitgehende Spezialisierung. Bei einem direkten Auftraggeberverhältnis ist die Wiederholung des Gleichen unsinnig. Wer seinen Auftrag erledigt findet, ist zufrieden und wünscht sich ein neues Thema. Ganz anders der Kunsthändler. Er bestellt bei seinem Lieferanten genau das, was er gut verkauft hat. Und wenn er zu einem neuen Marktort zieht, möchte er ein gutes Geschäft wiederholen. Das heißt, er bestellt beim Künstler das, was dieser ganz besonders gut kann: einer der Gründe für den hohen Grad der Spezialisierung und Kommerzialisierung des niederländischen Kunstbetriebs.
Die erstaunlich hohe handwerkliche Qualität dieser Gemälde entsprach dem Bedürfnis nach Solidität. Kapital, soll es gut angelegt sein, sucht Beständigkeit. Dies Kriterium galt zumal für jene Bürger, die, anders als Adel und Klerus, dem Handwerklichen nahestanden. Eigenhändigkeit, Kopie und Fälschung werden unter solchen Voraussetzungen sehr leicht zum Problem: Begleiterscheinungen eines hoch entwickelten, von zahlreichen guten Künstlern bedienten und von vielen Käufern genutzten Kunstmarktes mit nur wenigen direkten Kontakten zwischen Künstler und Publikum, organisiert nach dem Prinzip der Vorratswirtschaft.

[G. Langemeyer, 1975, S. 15 f.]

Über den Geschmack des kunstliebenden Publikums – die Fachmalerei

Über den Geschmack des bilderliebenden und bildersammelnden bürgerlichen Publikums in den Niederlanden des 17. Jahrhunderts erfahren wir dieses: Wir sehen die Ablösung der geistlichen Bilderwelt durch neue Gattungen. Diese werden durch Spezialisten vertreten, die ihre Themen in höchster technischer Vollkommenheit und künstlerischer Sicherheit immer wieder variieren. Daß so etwas möglich wurde, liegt an den Bedürfnissen und an dem Geschmack des Publikums, das das ganze Jahrhundert hindurch ein Interesse an der Landschafts- und Stillebenmalerei, an der Schilderung von Stadtansichten und Innenräumen, an Genreszenen und Bauerndarstellungen hatte. Daß die Porträtmalerei zu allen Zeiten einer der wichtigsten Wünsche des Publikums an die Maler war, liegt auf der Hand. – Viele Bilder sollten gleichermaßen vergnügen wie belehren. [...] Die Stillebenmalerei zeigt, wie sehr das Sinnreiche und Moralisierende auch in diesen Bildern geschätzt wurde.

[Staatliche Kunsthalle Karlsruhe, 1983 c, o. S.]

Die niederländische Malerei zwischen Wirklichkeitsnähe und Emblematik

Man hat immer wieder die besondere Wirklichkeitsnähe der niederländischen Malerei des 17. Jahrhunderts herausgestellt und diese als – mit der politischen Emanzipation einhergehenden – künstlerischen Fortschritt betrachtet. Die Wirklichkeitsnähe, so meinte man, entspräche der Unabhängigkeit von kirchlichen und fürstlichen Aufträgen sowie der Tatsache, daß sich diese Malerei an ein finanzkräftiges Bürgertum richtete, dessen wirtschaftlicher Erfolg mit einem gewissen Sinn für Realitäten in Verbindung gebracht wurde. Gerade darum sah die bürgerliche Malerei des 19. Jahrhunderts in der niederländischen Malerei des Barock ihr Vorbild.
Trotzdem war auch diese Malerei – wie die zeitgenössische Literatur zeigt – nicht frei von allegorischen Bezügen. Vor allem in der sogenannten „Emblemliteratur“, die Texte mit Bildern kombiniert, finden sich zahlreiche Beispiele, in denen wirklichkeitsnahe Darstellungen allegorisch verstanden und entschlüsselt werden. Diese Literatur war damals noch keineswegs eine Sache für Kenner und Spezialisten, sondern – das zeigen die entsprechenden Auflagenzahlen – eine des breiten Publikums. Heute ist man auf diese Quellen angewiesen, wenn man die Bilder dem zeitgenössischen Verständnis und nicht dem Vorurteil des 19. Jahrhunderts entsprechend interpretieren will.

[G. Langemeyer, 1975, S. 8]

Das Blumenbukett

Für den normalen Kunstbetrachter ist das Blumenstilleben das Stilleben schlechthin. Der Blumenstrauß, mag er aus Gartenblumen wie Rosen, Nelken oder Tulpen bestehen, aus Blumen, wie man sie beim Gärtner kauft oder aus Feldblumen, die man auf der Wiese pflückt, gilt den meisten Menschen als Inbegriff des Stillebens. Diese Einengung des Begriffs Stilleben geht auf das 19. Jahrhundert zurück. In dieser Zeit wandten sich die Künstler, wenn sie Stilleben malten, überwiegend dem Blumenarrangement zu. Andere Themen des Stillebens wurden vernachlässigt oder gingen ganz verloren. Die Entstehung eines Stillebens stellte man sich früher wie vielfach noch heute etwa so vor: ein Maler hat Freude an der Vielfalt und reichen Farbigkeit von Blumen, er pflückt sie in seinem Garten oder in Feld und Flur, um sie schön geordnet in einer Vase auf den Tisch zu stellen. Dann setzt er sich davor, um diesen Strauß mit mehr oder weniger künstlerischer Freiheit in ein Bild umzusetzen. Gewiß, so mag es oft im vorigen oder auch noch in unseren Jahrhundert gewesen sein. Für die Entstehung und die Geschichte des Stillebens und gerade des Blumenstillebens aber führt diese Vorstellung in die Irre.

Abb. 13 Ludger tom Ring der Jüngere: Vasen mit Blumen. 1562. Öl auf Holz, 63 x 24,5 cm; 62 x 25,5 cm. Münster, Westfälisches Landesmuseum

Bedeutungen

Hier müssen zwei [...] von Ludger tom Ring signierte und 1562 datierte Bilder in die Betrachtung einbezogen werden (Abb. 13). Dargestellt sind zwei Vasen, offenbar aus hellem Alabaster, und in ihnen [...] Lilien und Schwertlilien. Der christliche Sinn, der Bezug auf Christus und Maria liegt hier noch zugrunde. Der Spruch auf den beiden Vasen, der möglicherweise auf einer dritten Vase fortgesetzt wurde, lautet ergänzt: *In verbis, in herbis et in lapidibus deus* (In den Worten, in den Pflanzen und in den Steinen ist Gott), ein Spruch pantheistischen Inhalts, der der Gesinnung des 16. Jahrhunderts, der Renaissance zu entsprechen scheint. [...]
So haben wir bereits zwei Bedeutungen für das frühe Blumenstilleben, eine religiös-christologische und eine pantheistisch-philosophische. [...]
Eine dritte Bedeutung, die sich für das Blumenstilleben nachweisen läßt, ist wohl die wichtigste und auch für die spätere Entwicklung folgenreichste. Sie ist eindrucksvoll dokumentiert auf einem Blumenbild, das Jan Brueghel d. Ä. zugeschrieben wird, der eine Generation nach Ludger tom Ring geboren wurde (Abb. 14). Unter diesem Blumenstrauß, der neben anderen Blumen Rosen, Tulpen und Nelken in einem Noppenglas zusammenstellt, stehen Verse, die man übersetzen kann:

Was blickt ihr auf die Blumen, die so schön vor euch stehen
Und durch der Sonne Kraft doch allzu schnell vergehen.
Habt acht auf Gottes Wort allein, das ewig blüht,
Worin verwandelt sich der Rest der Welt: in Nichts.

Was besagen diese Verse, mit denen das Bild sich selbst interpretiert? Der Betrachter wird zunächst davor gewarnt, die Blumen, wie sie vor ihm stehen, in ihrer Schönheit zu wichtig zu nehmen. Er soll sich klar darüber sein, daß sie durch die Macht der Sonne in kurzer Zeit vergehen werden. Damit ist der Vanitas-Gedanke angesprochen, der Gedanke an die Vergänglichkeit alles Irdischen. Der Spruch geht aber noch weiter, indem er auf Gottes

Abb. 14 Jan Brueghel der Ältere: Stilleben mit Blumen in Glasvase. Öl auf Kupfer, 30 x 20 cm. London, Richard Green Galleries

Wort, also die Bibel verweist, das ewig bestehen bleibt, während die Welt sich in nichts auflösen wird.
Der Vanitas-Gedanke wird durch die Verknüpfung mit der religiösen Vorstellung von der Ewigkeit Gottes positiv gewendet. Zwar vergehen die Blumen ebenso wie die Welt, aber Gott bleibt in Ewigkeit.

Komposition bei Ludger tom Ring

Nun wird der moderne Betrachter vielleicht etwas bestürzt fragen, ob denn der Mensch in Renaissance und Barock vor einem Blumenbild seiner Zeit wirklich nur an Vanitas gedacht haben sollte oder sich an bestimmte Bibelworte erinnert fühlte. So sehr ihm dieser melancholische Aspekt, wenn man ihn so bezeichnen will, bewußt war, der sich ja belegen läßt, so hatte er gleichzeitig doch gewiß auch seine Freude an der meisterlichen Form, in der ihm blühendes Leben in Gestalt des Straußes gegenübertrat. Von den schönsten Blumenbildern des 16. und des 17. Jahrhunderts geht ja etwas ungeheuer Optimistisches, Faszinierendes aus. Man bewundert die künstlerische Meisterschaft, mit der jede einzelne Blüte in ihrem Eigenleben nachgebildet wird, aber auch das Arrangement der Blumen zu einem überzeugenden Ganzen. Damit stellt sich die Frage nach den Kompositionsgesetzen für Blumenstilleben in früherer und in späterer Zeit. Für die beiden frühen Bilder Ludger tom Rings aus dem Jahre 1562 (Abb. 13) ist kennzeichnend, daß sie nur jeweils zwei Blumenfarben zusammenstellen, einmal weiße Lilien und tiefviolette Iris, beim zweiten Bild nur Iris in hellgelb und violett. Die wenigen Blüten und grünen Blätter verbinden sich zu einem einmal mehr rechteckig, bei dem anderen Bilde eher gerundeten Umriß des Straußes. Damit geht der Maler kompositionell kaum über das noch im 15. Jahrhundert entstandene Stilleben hinaus (vgl. AH Bild 4).

Zentrale Komposition bei Jan Brueghel d. Ä. und seinen Zeitgenossen

Von Ludger tom Ring zu der ersten großen Blütezeit des Blumenstillebens in den südlichen und in den nördlichen Niederlanden und dann auch in Deutschland liegt allerdings der Abstand einer Generation. Ludger tom Ring, 1522 geboren, malte seine Stilleben, soweit sie uns erhalten geblieben sind, wohl überwiegend in den 60er Jahren. In dem gleichen Jahrzehnt nun wurden einige wichtige Stillebenmaler geboren, Maler, die sich anders als Ludger tom Ring ganz überwiegend diesem Thema zuwandten: Jan Brueghel d. Ä., der sogenannte Blumenbrueghel in Brüssel 1568, Georg Flegel in Olmütz 1566. Im nächsten Jahrzent folgen Ambrosius Bosschaert, geboren in Antwerpen 1573, und andere.
Jan Brueghel d. Ä. [...] hat das Bild geschaffen, das man den Inbegriff des Blumenstillebens überhaupt nennen kann. Es ist der große Blumenstrauß in einem Holzbottich, von dem sich das bekannteste Exemplar in der Münchener Pinakothek befindet (Abb. 15). Man hat das Bild mit Recht als einen *Turm von Blumen* bezeichnet. Eine kaum übersehbare Fülle von Blüten wird im Sinne

Abb. 15 Jan Brueghel d. Ä.: Blumenstrauß. Um 1607. Eichenholz. 125,5 x 96 cm. Alte Pinakothek, München

der radialen Komposition aufgebaut. Dabei liegen die Schwerpunkte oben. In der Mitte stößt eine mächtige Kaiserkrone, eine exotisch wirkende Blüte, wie eine Fanfare aus dem Strauß hervor. Mit der weißen Lilie links, der roten Päonie rechts verbindet sie sich zu einem Dreigestirn. Blaue Irisblüten vermitteln zwischen den großen Blumen. Im unteren Teil des Bildes werden die verschiedensten Blüten zu einem dichten Gewebe vereint, aber immer so, daß ein Ausgleich erzielt wird, einer Form auf der linken eine Entsprechung auf der rechten Seite gegenübersteht. Das Ganze eine wahrhaft triumphale Apotheose des Blühens. Sicher liegt auch hier noch die eingangs geschilderte Kombination von Einzelstudien zugrunde, als real existierender Strauß jedenfalls ist er kaum vorstellbar.

[...]

Ein anderer bedeutender Künstler dieser Generation ist Ambrosius Bosschaert. Sein *Blumenstrauß vor der Landschaft* (AH Bild 9) ist kaum viel später als Jan Brueghels Bild entstanden. Das Gemälde Bosschaerts läßt sich mit den Bildern von Jan Breughel und Ludger tom Ring vergleichen. Gegenüber der gedämpften Harmonie in Ludgers Bild setzt Bosschaert stärkere Akzente. Er behandelt den Strauß plastischer, raumhaltiger. In sorgfältigem Kalkül verteilt er die Blüten, auch diesmal wohl noch von Einzelstudien ausgehend. Ähnlich Brueghel macht er eine große Blüte zum Gipfel, hier eine gelbe Schwertlilie. Aber er vermeidet die dichte, im Grunde flächige Aneinanderreihung der Blüten und läßt seinen Strauß nach allen Richtungen und auch in die Tiefe hinein in den Raum strahlen. So ist Brueghels Strauß eigentlich noch manieristisch gedacht, während sich Bosschaert bereits dem Frühbarock zuwendet. Alle diese Stilleben sind radial, zentral, symmetrisch komponiert – die Maler achten sorgsam auf einen Ausgleich zwischen rechts und links, oben und unten. Und auch im weiteren 17. Jahrhundert begegnet diese Kompositionsform häufig.

Freie Komposition

Aber es gibt auch andere, freiere Möglichkeiten für das Blumenstilleben, die von den späteren Generationen der Stillebenmaler im Laufe des 17. und des 18. Jahrhunderts entdeckt und genutzt werden. Ein Beispiel dafür ist das Blumenstilleben des 1644 geborenen Holländers Simon Verelst (Abb. 16), der frühzeitig nach England ging und dort bis zu seinem Tode 1721 lebte. Der Reiz seiner Blumenstilleben liegt gerade in der Freiheit, mit der er sich von der strengen Kompositionsform der traditionellen Blumenbilder löst. [...] Man muß das effektvolle Bild in einem Bewegungszug von links unten nach rechts oben ablesen. Die Freiheit der Natur, ihr wucherndes Leben, gebändigt allerdings durch die Bildform, wird hier zum Thema gemacht.

Blumenstilleben in Europa

Kann man Stilleben, in diesem Falle Blumenstilleben nach der Nationalität ihrer Maler unterscheiden, danach, ob es sich um einen deutschen, einen spanischen, italieni-

Abb. 16 Simon Verelst: Blumenstrauß in Glasvase. Öl auf Leinwand, 99 x 78 cm. Privatbesitz

schen, französischen Maler handelt, oder um einen niederländischen, da noch unterschieden nach flämisch oder holländisch? Nun wird man seinem Gefühl nach leicht sagen können, daß es solche Varianten gibt, daß sich ein deutsches von einem französischen Stilleben der gleichen Zeit abhebt. Doch ist es nicht einfach, zu einer präzisen Bestimmung der nationalen Konstanten zu kommen. [...]

Es wurde davon ausgegangen, daß die Voraussetzungen für die Entstehung des Blumenstillebens überwiegend in den Niederlanden liegen. Dabei ist neben den sehr vereinzelten ersten Darstellungen von Blumensträußen [...] im Rahmen von religiösen Kompositionen (AH Bild 4) etwa auch an die vielfach sehr naturnahen Blumenporträts am Rand spätgotischer Stundenbücher (Abb. 8) zu denken.

Aus diesen Vorstufen entsteht im Laufe des 16. Jahrhunderts das selbständige Blumenbukett, wofür die ersten Beispiele im Werk des Ludger tom Ring belegt sind. Dessen Bilder zeichnet harmonische Komposition und eine gewisse trockene Perfektion der Zeichnung aus. Hier mag man die nüchterne Sachlichkeit des Westfalen, des Niederdeutschen spüren (Abb. 13).

Die Fülle der Blumenstilleben, wie sie dann seit Beginn des 17. Jahrhunderts in den nördlichen Niederlanden entsteht, hat einen deutlich anderen Charakter. Die Nahsicht der Pflanzen und Blüten, die botanisch genaue Darstellung der Einzelheiten verbindet sich etwa in dem berühmten Bilde von Ambrosius Bosschaert in Den Haag (AH Bild 9) mit einer beherrschten Harmonie des nach allen Richtungen in den Raum ausgreifenden Straußes.

Die flämische Variante ähnlicher Motive läßt sich etwa bei dem mit Ambrosius Bosschaert gleichaltrigen Jan Brueghel ablesen. Hier sind die Grenzen, wie sie sich der Holländer setzt, gesprengt, der Blumenturm baut einen üppigen Reichtum von Formen und Farben vor dem Betrachter auf, der an Rubens denken läßt (Abb. 15). [...]

Diese nur sporadischen Beobachtungen wären an den weiteren Bildern zu kontrollieren und zu ergänzen. Dabei wird sich herausstellen, daß jede der großen Nationen Europas in ihrer besonderen Weise an der Ausformung und Weiterbildung der einzelnen Gattungen dieses Themenkreises teilnimmt. [...]

Doch muß man auch das Verbindende betonen. Nicht zufällig wenden sich seit der Renaissance und bis in die Gegenwart hinein so viele begabte Maler dem Stilleben und gerade dem Blumenstilleben zu. Das hängt nicht allein mit den verschiedenen Bedeutungsebenen zusammen, die uns heute fremd geworden sind. Es hängt sicherlich auch mit der Entdeckung der Natur und der Flora als eines ihrer reizvollsten Produkte zusammen, die mit der Renaissance einsetzt. Der Glanz, die Strahlkraft, der formale und farbige Reichtum, den man beim Betrachten einer einzelnen Blüte wie bei einem Strauß aus vielen Blumen empfindet, hat gewiß auch auf die Künstler in alter und neuer Zeit Faszination ausgeübt.

[P. Pieper, 1979/80, S. 314 ff.]

Über die „Tulpenmanie"

Der Begriff der „Tulpenmanie" oder latinisiert „Tulipomania" bezeichnet ein einzigartiges Phänomen: den Handel mit Tulpen in

Holland zu wild überhöhten Preisen. 1637 führte die Spekulation mit den „nutzlosen“ Zwiebeln durch den plötzlichen Wertverlust einer einzigen Tulpensorte wie bei einem Börsenkrach zum Zusammenbruch des Preisgefüges und zum Ruin zahlreicher Spekulanten. [...]

Wie konnte es zu dieser „Manie“ kommen? In der Mitte des 16. Jahrhunderts war die Tulpe zum ersten Mal aus der Türkei nach Europa gekommen und in den botanischen Lehrbüchern beschrieben worden. Mit dem wachsenden Interesse an exotischen Dingen in der Folge des sich ausweitenden Überseehandels begann um 1600 auch die Wertschätzung der Tulpen in Holland zu steigen. Das veränderte Verhältnis des Menschen zur Natur schuf vollends die Voraussetzungen für die umfangreichere Einfuhr von Zierpflanzen aus Übersee. Bis zum Beginn des 17. Jahrhunderts waren Blumen Pflanzen wie alle anderen gewesen und nur als Heilkräuter oder in ihrer symbolischen Bedeutung (die weiße Lilie als Zeichen der Keuschheit Mariens), nicht aber aus ästhetischen Überlegungen geschätzt worden. Erst im 17. Jahrhundert wurden Blumen als Zierde des Gartens verstanden.

Das allgemein wachsende Interesse an den vielfältigen Erscheinungsformen der Welt schlug sich nicht nur in den zahlreichen Studien der Naturforscher zur Tier- und Pflanzenwelt nieder – Fürsten, Adelige und vermögende Bürger legten sich botanische Gärten an, in denen sie die damals bekannte Pflanzenwelt zu vereinen suchten. Natürlich wurden seltene und exotische Pflanzen besonders hoch geschätzt und waren entsprechend teure Statussymbole. In den holländischen Städten verfügten die wohlhabenderen Bürger über eigene kleine Gärten hinter ihren Häusern, in denen sie auch Blumen züchteten.

Vor diesem Hintergrund lassen sich die erstaunlichen Preise für Tulpen ein wenig besser verstehen. Weniger leicht zu beantworten ist die Frage, wieso sich alle Bevölkerungsschichten an der Tulpenspekulation beteiligten. Einmal kann dies daran gelegen haben, daß es fast jedem möglich war, sich an der Züchtung neuer Sorten zu versuchen und auf den entsprechenden Gewinn zu hoffen. Andererseits lag es wohl auch am Hang zur Spekulation, der für die nördlichen Niederlande im 17. Jahrhundert kennzeichnend zu sein scheint und sich ebenso in der Beliebtheit von Lotterien zeigte. Jedenfalls war es üblich, daß Bürger ihr überschüssiges Geld in Luxusartikeln anlegten und mit ihnen spekulierten. Aus diesem Grund wurden ja auch Gemälde gesammelt.

Angesichts der Bedeutung der Tulpen für Holland ist es nicht erstaunlich, daß seit dem Aufkommen des Blumenstillebens Tulpen besonders häufig dargestellt oder im gemischten Strauß an hervorgehobener Stelle gezeigt wurden. Sicher dienten solche „Porträts“ seltener Blüten auch dazu, die in der unscheinbaren Zwiebel verborgene Pracht allgemein bekannt zu machen. Darüber hinaus konnten Bilder stellvertretend für den Besitz von Tulpen stehen; als „gemalter Schatz“, der nicht verwelken konnte, waren sie wiederum eine Kapitalanlage, nicht nur ein Kunstwerk, an dem das Auge sich erfreuen konnte (Abb. 17).

Mit dem Bild der Tulpe konnte sich, wie so oft in der damaligen Kunst, noch ein symbo-

Abb. 17 Balthasar van der Ast: Die Tulpe Sommerschön. Öl auf Holz, 26,7 x 20 cm. Solingen, Galerie Müllenmeister

lischer Sinn verbinden. Als Luxusgegenstand war sie bereits 1614 ein Sinnbild falsch angelegten Geldes. Darüber hinaus war sie durch das Welken, das ihre Schönheit bedrohte, ein Hinweis auf die Vergänglichkeit der Dinge. Um das noch deutlicher zu machen, wurden Tulpen häufig mit einem abgefallenen Blütenblatt gemalt.
[Staatliche Kunsthalle Karlsruhe, 1983 d, o. S.]

Preisliste für Tulpen, 1637

1 Admiral van de Eyck	1 620 fl
1 Viceroy	2 500 fl
1 Admiral Liefken	4 400 fl
1 Semper Augustus	5 500 fl

(davon waren nur 2 im Handel, eine in Amsterdam, die andere in Haarlem)
1 fl (= holländischer Gulden) entsprach im Jahr 1637 grob gerechnet 4,– DM.
Eine noch bessere Vorstellung über den tatsächlichen Wert einer Tulpenzwiebel gibt uns ein Tauschvertrag aus dem Jahr 1637: Für eine Tulpenzwiebel „Viceroy" im Wert von 2 500 fl wurden als Gegenwert geliefert:

2 Last Weizen	448 fl
4 Last Roggen	558 fl
2 fette Ochsen	480 fl
8 fette Schweine	240 fl
12 fette Schafe	120 fl
2 Oxhoft Wein	70 fl
4 Tonnen achtgulden Bier	32 fl
2 Tonnen Butter	192 fl
1000 Pfund Käse	120 fl
1 Bett	100 fl
1 Kleid	80 fl
1 silberner Becher	60 fl
zusammen	2 500 fl

[Staatliche Kunsthalle Karlsruhe, 1983 d, o. S.]

Stilleben und Avantgarde

Sehr früh, nämlich bereits im ersten Drittel des 18. Jahrhunderts, setzt ein folgenreicher Prozeß in der Entwicklungsgeschichte des Stillebens ein, dessen Tragweite für die Moderne unschätzbar ist. Ausgelöst wird er, im Durchsetzen gegen das Bestehende, von Jean-Baptiste Siméon Chardin (1699–1779), dem „begabten Tier- und Früchtemaler" (was allerdings in der akademischen Künstlerhierarchie jener Zeit mit die niedrigste Klassifizierung bedeutete).
Charakterisiert wird dieser Prozeß vornehmlich durch Reduktion, und zwar in mehrfacher Hinsicht: formenmäßig ebenso wie ikonographisch, ja, die gesamte geistige Auffassung der Dingwelt verändert sich gleichzeitig mit dem Begriff des (Bild-)Raumes. Dies alles geschieht nicht von ungefähr.
Ein Werk wie *Wasserglas und Kaffeekanne* (ca. 1760) (Abb. 18) spiegelt die gewandelte Sehweise stellvertretend für viele andere. Glas und Kanne stehen versetzt auf einer Tischfläche, deren begrenzende Konturen nur vorn, zum Betrachter hin, eindeutig definiert sind; in der Bildtiefe verlieren sie sich in einem völlig indifferenten Raum. Die Trennungen verschiedenartiger Materie scheinen aufgehoben. Das hochartifizielle Arrangement, das bei der Auswahl der Gegenstände auf raffinierteste Weise andererseits mit ebendiesen Gegensätzen von Materie spielt, indem es die silbrige Transparenz des gefüllten Glases der blockhaften Konkretheit der Kanne gegenüberstellt, auch beider reziproke konische Formen zur Rhythmisierung ausnutzend, sieht sich im Einklang mit zeitgenössischen Geistesströmungen. Fast ist dieses Bild – wie die vielen anderen mit den kupfernen Gefäßen auch eine erstaunlich adäquate sinnliche Umsetzung jener materialistisch fundierten philosophischen Systeme der Diderot, d'Alembert, Voltaire oder Lamettrie, die in all ihrer Verschiedenheit doch die gemeinsame aufklärerische Zielsetzung verfolgten, den Menschen aus den metaphysisch legitimierten

Abb. 18 Jean-Baptiste Siméon Chardin: Wasserglas und Kanne. Öl auf Leinwand, 32,5 x 41 cm. Pittsburgh (Pennsylvania), Museum of Art, Carnegie Institute

Zwängen absolutistischer Feudal- und Religionsherrschaft zu befreien. Hier findet der registrierbare Hang zur Schlichtheit seine soziologische Grundlage: gleichsam telephotographisch rückt der Maler die Gegenstände in die Nähe des Betrachters – Gegenstände übrigens, die die frühere perlmuttschimmernde und silberziselierte Exklusivität längst gegen „bürgerliches" Gerät eingetauscht haben – gemäß der Devise Lamettries etwa, daß einzig die Materie existiere und jedes hinter oder neben ihr vermutete metaphysische Prinzip den totalen Irrtum verkörpere.

Das Licht ist hier die wichtigste Komponente, um die materielle Beschaffenheit der Gegenstände erfahrbar werden zu lassen; mit rigoroser, „moderner" Direktheit entfernt der Maler mögliche Zeichen menschlicher Anwesenheit und befreit damit die Darstellung auch von jeglichem ideologischem „Ballast", den Stilleben in der Vergangenheit stets mit sich trugen. Kein lebensprogrammatisches Konzept, kein Hinweis auf das Vergebliche und Vergängliche allen menschlichen Tuns (Vanitas) scheint hinter den Dingen hervor, religiöse und moralische Appelle sind nicht mehr Anliegen des Künstlers.

Der wesentlichste Schritt zur „Autonomie" des Stillebens in der Moderne ist mit Chardin getan.

Mit schier unerschöpflichem Interesse hat Chardin in ungezählten Variationen diese betont schlichten Gegenstände fast experimentell in ihrem Zusammen- und Gegeneinanderwirken der Formen und Farben untersucht. Das Ungewöhnliche und Antiakademische dieser Insistenz tritt erst recht eigentlich zutage, wenn man sich die Kostbarkeit der Materialien, die ausgesuchte Vielfalt der Blumenarrangements oder die Exklusivität der Speisen auf überfüllten Banketten der früheren Stilleben in Erinnerung ruft.

Den Natur-Anteil in unserem „Nature Morte"-Beispiel (Abb. 18) verkörpern ebenso unpreziös drei Knoblauchknollen mit ein wenig Laub. Was sich damit anbahnt, ist nichts anderes als die Weigerung, den ökonomischen Standard jener herrschenden Gesellschaftsklasse widerzuspiegeln, die solche Bilder in Auftrag geben und kaufen kann.

Etwa hundert Jahre später, bei Courbet (1819–1877), wird dies zum dezidierten Politikum. Nichts weist mehr auf den Willen, eine Wirklichkeit im Bild enigmatisch verschlüsselt wiederzugeben: ein Blumenstrauß ist einfach ein Blumenstrauß (AH Bild 20) [...].

[I. Bartsch, 1980, S. 516 f.]

3.2.3 Das 19. Jahrhundert

Die für das 19. Jahrhundert revolutionäre Theorie des Realismus wurde von Courbet einprägsam formuliert. Seine Forderung, die Malerei auf die Wiedergabe von sicht- und tastbaren Dingen zu beschränken, bedeutet nun aber keinesfalls den generellen Verzicht auf gedankliche oder symbolhafte Bezüge, sonst wäre ein schriftlicher Zusatz wie „in vinculis faciebat" unter seinem Gemälde „Die Forelle" sinnlos (Abb. 19). Auch Maler des Realismus verwendeten zeitweise Symbole, nur entstammten diese ihrer eigenen Erfahrungswelt und waren nicht an Ideale oder religiöse Vorstellungen vergangener Zeit geknüpft. Vor diesem Hintergrund wurde Menzels „Atelierwand" (Abb. 20) treffend interpretiert.

Manets Stilleben einer einzelnen Spargelstange (Abb. 21) verdeutlicht, wie wenig Wert die Generation der Impressionisten der Darstellung von Gegenständen beimaßen, wie sie vielmehr bemüht waren, das Gegenständliche in reine Malerei zu transformieren. Nahe Verwandtschaft zu Manets künstlerischer Auffassung zeigt das Stilleben des Deutschen Carl Schuch (Abb. 22).

Van Goghs Kunst basiert auf den Gedanken des Realismus, bereitet aber zugleich auch expressionistische Kunstformen vor (Abb. 23). Cézannes aphoristische Äußerungen über Kunst bleiben, isoliert betrachtet, ziemlich dunkel; zueinander in sinnvolle Beziehung gebracht, rechtfertigen sie überzeugend seine Stellung in der Kunstgeschichte als Begründer der modernen Malerei.

G. Courbet: Über die Kunst.
Das „Manifest des Realismus" im Katalog der Sonderausstellung von 1855

Die Bezeichnung Realist ist mir aufgedrängt worden [...]. Zu keiner Zeit haben Etikette eine richtige Vorstellung von den Dingen

gegeben; wäre es anders, so wären die Kunstwerke überflüssig. [...]
Imstande zu sein, die Sitten, die Vorstellungen, das Gesicht meiner Epoche nach meinem Dafürhalten zu übertragen, nicht nur ein Maler, sondern auch ein Mensch zu sein – mit einem Wort, lebendige Kunst zu machen, das ist mein Ziel.

[K. Herding, 1978, S. 27]

Realismus und Demokratie. Courbets Rede in Antwerpen (1861)

Der Kernpunkt des Realismus ist die Verneinung des Ideals, eine Einsicht, zu der ich durch meine Studien in den letzten fünfzehn Jahren gekommen bin. [...] Indem ich das Ideal sowie alles ablehne, was daraus folgt, gelange ich zur vollen Selbstbefreiung des Individuums bis hin zur Verwirklichung der Demokratie. Der Realismus ist seinem Wesen nach die demokratische Kunst.

[K. Herding, 1978, S. 28]

Eröffnung eines Ateliers – Ablehnung des Kunstunterrichts. Courbets Vorstellungen über Gegenstand und Vermittlung der Kunst (offener Brief vom 25. 12. 1861)

Meine Herren, liebe Kollegen,
Sie haben eine Malerwerkstatt eröffnet, in der Sie Ihre künstlerische Ausbildung in Freiheit fortsetzen können, und Sie haben mir angeboten, die Leitung zu übernehmen.
[...]
Da ich glaube, daß jeder Künstler sein eigener Meister sein muß, kann ich nicht daran denken, mich zum Lehrer aufzuwerfen.
Ich kann Sie weder in meiner Kunst noch in der Kunst irgendeiner Schulrichtung unterweisen, denn ich lehne den Kunstunterricht ab; ich behaupte mit anderen Worten, daß die Kunst ganz individuell und für jeden Künstler lediglich das Talent sei, das aus seiner eigenen Eingebung und seinen eigenen Studien über die Tradition erwächst.
Ich füge noch hinzu, daß nach meinem Dafürhalten die Kunst oder das eigene Talent für den Künstler nichts anderes sein kann als das Mittel, seine persönlichen Fähigkeiten auf die Ideen und die Dinge der Epoche anzuwenden, in der er lebt.
Vor allem die Kunst der Malerei kann nur in der Wiedergabe der für den Künstler sicht- und tastbaren Dinge bestehen.
Keine Epoche kann anders als von ihren eigenen Künstlern dargestellt werden, das heißt von den Künstlern, die in ihr gelebt haben. Ich halte die Künstler eines bestimmten Jahrhunderts für völlig außerstande, die Dinge eines vergangenen oder künftigen Jahrhunderts zu schildern, mit anderen Worten, die Vergangenheit oder die Zukunft zu malen.
In diesem Sinne lehne ich die auf die Vergangenheit gerichtete Historienmalerei ab. [...]
Es steht den neuen Zeiten nicht zu, dem Ausdruck der alten Zeiten irgend etwas hinzuzufügen, die Vergangenheit zu vergrößern oder zu verschönern. Was gewesen ist, ist gewesen. Der menschliche Geist hat die Pflicht, stets von neuem zu arbeiten, immer in der Gegenwart [...].
Ich halte auch dafür, daß die Malerei ihrem Wesen nach eine *konkrete* Kunst ist und einzig in der Darstellung der *wirklichen* und *vorhandenen* Dinge bestehen kann. Sie ist eine ganz und gar körperliche Sprache, die sich anstelle von Worten aus allen sichtbaren Dingen zusammensetzt; ein abstraktes, nicht sichtbares, nicht vorhandenes Ding hat im Bereich der Malerei nichts zu suchen.
Die Einbildungskraft in der Kunst besteht darin, den vollständigsten Ausdruck einer vorhandenen Sache zu finden, niemals aber darin, diese Sache selbst zu setzen oder zu erschaffen.
Das Schöne ist in der Natur, und man begegnet ihm in der Wirklichkeit in den unterschiedlichsten Formen. Sobald man es dort gefunden hat, gehört es der Kunst oder vielmehr dem Künstler, der es darin zu erblicken weiß. Und sobald das Schöne wirklich und sichtbar ist, nimmt es einen eigenen künstlerischen Ausdruck an. Aber die künstlerische Technik darf diesen Ausdruck nicht erweitern. Rührt sie daran, läuft sie Gefahr, ihn zu entstellen und damit zu schwächen. Das von der Natur gegebene Schöne ist allen künstlerischen Konventionen überlegen.
Das Schöne ist, ganz wie die Wahrheit, an die Zeit gebunden, in der man lebt, sowie an das Individuum, das sie zu begreifen vermag.

[K. Herding, 1978, S. 30 f.]

Abb. 19 Gustave Courbet: Die Forelle. 1872. Öl auf Leinwand, 52,5 x 87 cm. Zürich, Kunsthaus

Gustave Courbet: Die Forelle

Courbet hat diese gefangene Forelle entgegen der Datierung und der Inschrift nicht 1871 in der Zelle von Sainte-Pélagie gemalt, sondern erst 1872 nach seiner Haft [...]
Mit diesem Fischstück schließt Courbet an seine Jagdbilder an. Hier [...] ist, deutlich in der Inschrift ‚In Ketten gemalt', das erjagte Tier Sinnbild für den zu Tode gejagten Menschen, also ein Selbstbildnis Courbets als *L'homme blessé* in Gestalt eines Tierbildes beziehungsweise eines Stillebens.
Werner Hofmann hat diese Forellenbilder Courbets innerhalb der Stillebenmalerei des 19. Jahrhunderts zur Kategorie der „tragischen Stilleben" gerechnet und sie den Vanitas-Requisiten von Menzels *Atelierwand* an die Seite gestellt.

[P.-K. Schuster, 1978/79, S. 311 f.]

Adolph Menzel: Atelierwand

[...] Aus schräger Untersicht, die überraschende Verzerrungen und Überschneidungen bewirkt, sehen wir ein Konglomerat aus Totenmasken, Abgüssen und Bildhauerwerkzeugen. Die Quelle des grellen Lichts bleibt verborgen. In diesem Bild überträgt Menzel die Disharmonie, die er in den Beziehungen zwischen Mensch und Mensch beobachtet, auf ein Stilleben. Er konfrontiert Einzelheiten, Bruchstücke. In den vom künstlichen Bezugsrahmenn des Ateliers legitimierten Fragmenten erkennt er die Unordnung und das Chaos wieder, die ihm auf Schritt und Tritt in der Wirklichkeit begegnen. Aber dieses Bild nimmt nicht nur die verwunschenen „surrealen" Wirklichkeiten eines de Chirico vorweg. Die einzelnen Motive stehen für künstlerische Programme: die Venus für den Idealismus, der Hundeschädel für den Realismus, die Köpfe der großen Männer – links erkennt man Dante und Schiller, rechts Goethe – für den dokumentarischen Historismus. Ihr von der Farbe harmonisiertes Nebeneinander ist die anschauliche Formel dafür, daß alle diese Ismen für die Künstler des 19. Jahrhunderts verfügbar sind. Solcherart ist das Bild der kunsthistorische Kommentar eines Malers zu den Gestaltungsmöglichkeiten seiner Epoche. Dazu kommt ein weiterer Aspekt. 1853 blickt Menzel auf seine zwischen „Skrupel und Vermessenheit" schwankenden Anfänge zurück und erwähnt auch den wegen „anderweitiger Tätigkeit" nur sehr lückenhaften Besuch der „Gipsklasse" der Berliner Akademie. Deutlicher gesagt: Menzel hat unter der ihm als Dogma aufgenötigten Antike unsäglich gelitten. In der *Atelierwand* gelingt dem reifen Maler Menzel, woran der zeichnende Akademiestudent scheiterte. Dieses Bild ist seine nachträgliche, souveräne Genugtuung. Jetzt erst

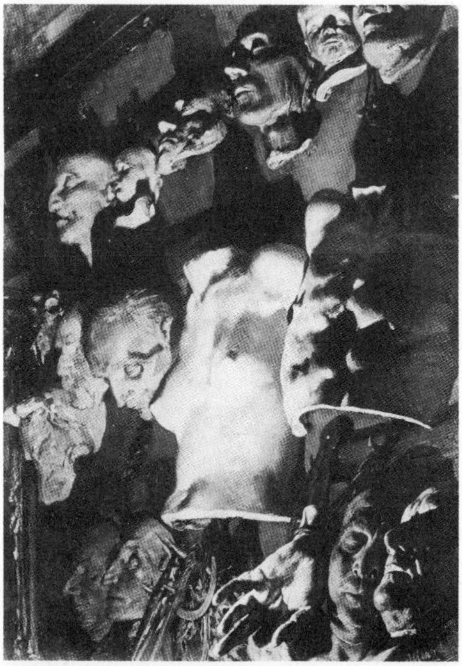

Abb. 20 Adolph Menzel: Atelierwand. 1872. Öl auf Leinwand, 111 x 79,3 cm. Hamburg, Kunsthalle

eignet er sich die Antike an, er bewältigt sie, indem er sie vom Piedestal herunterholt. Die gemalte Venus ist eine verfremdete Venus, zugleich aber nicht mehr das höchste Ideal, sondern bloß einer von vielen malerischen Vorwürfen. In dieser Relativierung der Absolutheitsansprüche der klassisch-idealistischen Kunstlehre steckt die Abrechnung eines Wirklichkeitsfanatikers mit den Lernzwängen seiner Jugend. [...]
Insofern kommt der *Atelierwand* thesenhafte Bedeutung zu: diese virtuose Helldunkel-Malerei plädiert für die Ästhetik des Bruchstücks und tritt damit in entschiedene Opposition zu den auf ihr versammelten Requisiten. Die akademische Lehre des Idealismus bediente sich der antiken Modelle immer mit dem Blick auf eine vollkommene Gestalt, hingegen setzt Menzel das Fragment als Fragment ein. Was für den idealistischen Künstler nur Rohmaterial und Behelf ist, gibt für Menzel den Anlaß zu einem Bild her. Damit zeigt er, daß der Maler, der sich mit der banalen Wirklichkeit einläßt, keinen Symbolanspruch preisgibt, sondern bloß mit anderen Symbolen arbeitet als die Idealisten.

[W. Hofmann, 1977, S. 60 ff.]

Edouard Manet: Spargel
Zu diesem Gemälde gibt es eine hübsche Anekdote: Manet hatte das *Spargelbund* (AH Bild 21) für 800 frs an Charles Ephrussi verkauft. Dieser sandte aber 1000 frs, woraufhin Manet, stilvoll und geistreich wie immer, diese eine Stange malte und sie, mit der folgenden Mitteilung versehen, an Ephrussi schickte: „In Ihrem Bund fehlte eine." Das „Mutter-Bild" war auf schwarzem Hintergrund gemalt, ein wenig nach Art der niederländischen Stilleben des siebzehnten Jahrhunderts. Hier aber, mit dem hellen Hintergrund, mit dem zarten Spiel von Blau und Grau zwischen Spargelstange und Marmorplatte und ein paar lebhaften Farbtupfern an der Spargelspitze, gibt Manet sich einer völlig ungezwungenen Malerei hin. Zugleich demonstriert er sein enormes handwerkliches Geschick, seinen vollendeten Geschmack und seinen Sinn für Humor. „Dies ist kein gewöhnliches Stilleben", schrieb Georges Bataille, „es ist zwar still, aber doch voller Leben."
In den achtziger Jahren hat Manet immer mehr dieser kleinen Stilleben angefertigt. Darstellungen eines einzigen Objekts oder ganz weniger Gegenstände – Extrakte, Quintessenzen der Malerei gewissermaßen. Diese Bilder wurden oft an Freunde verschickt, als kleine Aufmerksamkeiten, in denen sich immer eine humorvolle Anspielung oder der Ausdruck von Zuneigung und inniger Freundschaft verbarg. [...] So lebt der Maler in diesen wunderbaren und doch anspruchslosen Gaben fort.

[Manet, 1984, S. 451]

Abb. 21 Edouard Manet: Spargel. 1880. Öl auf Leinwand, 16 x 21 cm. Paris, Musée d'Orsay

Carl Schuch: Stilleben mit toten Enten
Auf einem in Aufsicht gegebenen, leicht von links nach rechts ansteigenden Brett, sind einige tote Wildenten abgelegt. Im Hintergrund erkennt man noch zwei Gefäße. Der Eindruck des Bildes wird von dem fleckenhaften Farbauftrag, bei dem Pinselstrich neben Pinselstrich, Farbe neben Farbe, Ton neben Ton mosaikartig gesetzt werden, bestimmt. Die malerische Zusammenfassung wird durch die feine Abstufung der wenigen bildbestimmenden Farbtöne erreicht. [...]
Für Schuch waren, wie für seinen Freund und Lehrmeister Wilhelm Trübner die Gegenstände auf den Stilleben im Grunde nur noch ein Vorwand, um einen Ausschnitt der Welt in Malerei zu verwandeln und malerischen Problemen nachzugeben. Symbolische Bedeutungen wurden bewußt ausgeschlossen. Darin liegt eine Reaktion auf die vorherrschende Malerei ihrer Zeit mit ihren sentimentalen Genreszenen und pathetischen

Abb. 22 Carl Schuch: Stilleben mit toten Enten. Vor 1894. Öl auf Leinwand, 64,5 x 80,5 cm. Karlsruhe, Staatliche Kunsthalle.

Historienbildern, die beide als unehrlich und unkünstlerisch empfanden. Trübner formulierte später seine kunsttheoretischen Ansichten, die seine Freunde teilten, so: „Ob es inhaltlich interessant ist oder nicht, davon die Beurteilung eines Bildes abhängig zu machen, wird jederzeit zu falschen Resultaten führen ..." Und: „Je einfacher der Gegenstand, desto interessanter und vollendeter kann ich ihn malerisch und koloristisch darstellen."

Schuch verwirklichte das von Trübner beschriebene „Prinzip" des „Reinkünstlerischen" tatsächlich allein am Stilleben. Er gab seine Landschaftsmalerei zugunsten dieses Sujets ganz auf. Schon in den 70er Jahren reduzierte er die Stillebenobjekte auf ein Minimum und wiederholte ein einmal arrangiertes Stilleben mit ganz geringen kompositorischen Abwandlungen in veränderter Farbgebung mehrmals.

Am Stilleben war es am einfachsten, von allen außerkünstlerischen Bedeutungen des Dargestellten abzusehen und sich nur auf malerische Probleme zu konzentrieren.

[K. L. Hofmann u. a., 1985, S. 48 f.]

Vincent van Gogh: Vom Motiv zum Bild

Ohne Modell kann ich nicht arbeiten. Nicht, daß ich nicht der Natur einfach den Rücken kehre, wenn ich eine Studie in ein Bild verwandle, indem ich vereinfache und vergrößere und die Farben ins Gleichgewicht bringe; aber was die Form anlangt, habe ich große Angst, mich vom Möglichen und Richtigen zu entfernen.

[...] Ich übertreibe, manchmal ändere ich am Motiv; aber ich erfinde eben nicht das ganze Bild, im Gegenteil, ich finde es fertig vor, aber es muß aus der Natur herausgeschält werden.

[F. Erpel, 1985, S. 287]

Vincent van Gogh: Farbe – Pinselschrift – Schaffensextase

Wie gesagt finde ich Deinen Brief über Schwarz sehr gut, und was Du über das Nicht-Wiedergeben der Lokalfarbe sagst, ist ebenfalls richtig.

Doch es genügt mir nicht. Es steckt meiner Meinung nach viel mehr hinter diesem Verzicht auf die Lokalfarbe. Les vrais peintres sont ceux qui ne font pas la couleur locale – das war es, was Blanc und Delacroix einst besprachen.

Darf ich darunter nicht kühnerweise verstehen, daß ein Maler gut daran tut, wenn er von den Farben auf seiner Palette ausgeht statt von den Farben der Natur? [...]

Immer klug Gebrauch machen von den schönen Tönen, welche die Farben von selbst bilden, wenn man sie auf der Palette bricht, noch einmal: von seiner Palette ausgehen, von dem Wissen um den guten Zusammenklang der Farben – das ist etwas anderes, als mechanisch und sklavisch die Natur kopieren.

[F. Erpel, 1980, S. 78 ff.]

Es ist doch die Erregung, die Ehrlichkeit des Naturempfindens, die uns die Hand führt, und wenn diese Erregung manchmal so stark ist, daß man arbeitet, ohne zu merken, daß man arbeitet – wenn manchmal die Pinselstriche in rascher Folge kommen und sich aneinanderfügen wie die Worte in einem Gespräch oder in einem Brief, so darf man nicht vergessen, daß es nicht immer so gewesen ist und daß auch in Zukunft viele niederdrückende Tage ohne jede Inspiration kommen werden. Also muß man das Eisen schmieden, solange es heiß ist, und die geschmiedeten Barren beiseite legen. [...]

Wenn ich allein bin, ach, es ist einmal so, dann habe ich weniger das Bedürfnis nach Gesellschaft als nach zügelloser Arbeit, und

deshalb bestelle ich immer wieder drauflos Leinwand und Farben. Nur dann fühle ich das Leben, wenn ich wie toll arbeite.
Und in Gesellschaft würde ich dieses Bedürfnis etwas weniger empfinden, oder ich würde vielleicht kompliziertere Sachen machen.
Aber auf mich allein gestellt, verlasse ich mich auf den Arbeitsrausch, der mich zuzeiten überkommt, und dann lasse ich mich gehen bis ins Grenzenlose.

[F. Erpel, 1980, S. 161 f.]

Ich bin also ständig zwischen zwei Gedankenbereichen, erstens: die materiellen Sorgen, das ewige Hin und Her bloß um des bißchen Lebens willen, und dann: das Studium der Farbe. Mir ist immer, als müßte ich da irgend etwas entdecken. [...]

[F. Erpel, 1980, S. 192]

Das ist dann eine Farbe, die vom realistischen Standpunkt der Augentäuscher-Malerei nicht die richtige Lokalfarbe ist, sondern eine Farbe, die irgendwie Erregung, Leidenschaft, Temperament suggeriert.

[F. Erpel, 1980, S. 193]

Vincent van Gogh: Vase mit Sonnenblumen

Seinem Freunde, dem Maler E. Bernard, schreibt Van Gogh im Entstehungsjahr unseres Bildes 1888 aus Arles: „Ich denke daran, mein Atelier mit einem halben Dutzend Sonnenblumen-Bildern zu schmücken, eine Dekoration, bei der die grellen und gebrochenen Chromtöne auf verschiedenen Hintergründen erstrahlen werden, auf blauen, vom mattesten Veroneser- bis zum Königsblau, von dünnen, rot-orange bemalten Leisten eingerahmt. Eine Wirkung, wie sie die Glasfenster gotischer Kirchen ausüben." Tatsächlich sind sechs in Komposition und Ausschnitt offensichtlich bewußt aufeinander abgestimmter „Tournesols" vom August 1888 bekannt, von denen mindestens drei ungefähr gleich groß sind. Wir können uns diese eigentümliche malerische Zimmer-Dekoration aus immer wiederkehrenden, nur im Detail abgewandelten Sonnenblumen in einem einfachen Tonkrug, auf roher Tischplatte stehend, also sehr wohl vorstellen; selbst die Wirkung ihrer mageren Rahmung,

Abb. 23 Vincent van Gogh: Vase mit Sonnenblumen. 1888. Öl auf Leinwand, 91 x 72 cm. München, Neue Pinakothek

von welcher der Brief spricht, läßt sich ahnen: die rot-orangefarbenen dünnen Leisten setzen sich im Bild selbst als Konturen fort, welche die gelbe Tischplatte gegen die kahle, türkisblaue Wand abgrenzen und die Vase umrändern wie Bleiruten in mittelalterlichen Glasmalereien, an die Van Gogh hierbei ausdrücklich gedacht hat. Die Konturierung hat etwas Primitives, die Pinselführung etwas Ungefüges, Elementares und Unmittelbares. Vincent hat im Jahr zuvor in Paris „Japonaiseries" kopiert und von Hiroshige die Wirkungskraft der Konturen und reinen Farbflächen gelernt. Das wird hier fruchtbar; auch in den „Sonnenblumen" bleibt alles in der Fläche und erzeugt doch die Wirkung von Raumtiefe und Körperhaftigkeit.

[E. Steingräber, 1982, S. 113 f.]

Paul Cézanne: Brief an Joachim Gasquet

Mein lieber Gasquet!
Zu meinem großen Bedauern kann ich Ihrer vortrefflichen Einladung nicht nachkommen. Aber da ich Aix heute früh um fünf Uhr verlassen habe, kann ich nicht vor Tagesende heimkehren. Ich nehme mein Abend-

mahl bei meiner Mutter ein, und der Zustand der Müdigkeit, in dem ich mich am Ende des Tages befinde, gestattet mir nicht, in angemessener Verfassung vor andern Leuten zu erscheinen. Bitte entschuldigen Sie mich deshalb.
Die Kunst ist eine Harmonie, die parallel zur Natur verläuft; was soll man von den Dummköpfen halten, die behaupten, daß der Künstler immer der Natur unterlegen ist?

[J. Rewald, 1962, S. 243]

Cézannes Realismus in verwandelter Bedeutung
Cézanne hat schon 1864 gesagt, daß es in seiner Kunst um Realismus gehe, jedoch, wie er dann im Alter Gasquet zu verstehen gibt, um *einen Realismus voll von Größe*. Als Realisten hat er Courbet hoch geschätzt. Er ist sich mit ihm einig in der Ablehnung des nicht glaubwürdigen Idealismus der Klassizisten und Romantiker, in dem ehrlichen Rückzug der Malerei auf die gegenwärtige sichtbare Umwelt, die aber nicht wiederzugeben ist mit kalter Genauigkeit, mit *dem Realismus der Augentäuscher*, der kleinlichen Darstellung aller Einzelheiten nach den Regeln der akademischen Naturnachahmung, sondern als ein malerisch gestaltetes, gesteigertes Dasein. [...]

Die Harmonie parallel zur Natur
Cézanne komponiert einen Bildzusammenhang nicht mehr aus einzelnen Dingen, sondern aus lauter kleinen Farbflecken, die das Gegenständliche erst aus sich hervorbringen und das auch nur so weit, wie es für den Zusammenhang des Ganzen und dessen Sinngehalt notwendig ist. Aber es ist eine ganz andere, durchaus nicht impressionistische Struktur, die aus den Farbteilchen eine Bildeinheit in Fläche und Raum macht. Es ist kein lockeres, spannungs- und richtungsloses Gewimmel von Farbpunkten und -kommas, kein beweglich schwebender Farbenschleier, sondern es ist ein lückenlos dichtes Gefüge aus rhythmischen Gruppen und Reihen von horizontal, vertikal, diagonal gerichteten kurzen Pinselzügen, ein Ganzes aus Farbstufungen und Kontrasten, die sich konstruktiv festigen, verspannen, verflechten und überlagern: und aus dieser Komposition im Kleinen wird die Komposition im Großen und werden schließlich auch die gegenständlichen Zusammenhänge erzeugt.
Da das Gefüge der Kleinstruktur kein lockeres Gewebe mehr ist, erweckt es auch nicht die Illusion von Licht und Atmosphäre, es stellt überhaupt nichts Stoffliches und Vergängliches mehr dar. Es bildet *eine Harmonie parallel zur Natur*, kein Farbfleck ist auf stoffliche Qualitäten von Naturgegenständen direkt darstellerisch bezogen, sondern alle Teilchen sind bestimmt von ihrer Funktion in einem eigengesetzlichen Medium der Farbkomposition. Jeder Fleck geht zwar zurück auf eine Sinnesempfindung vor der Natur, *une sensation colorante*, aber jede dieser Wahrnehmungen wird sofort übersetzt in ein Gefüge aus Farbtonstufungen, die etwas Über- und Zwischendingliches bedeuten, und durch die den Dingen eine höhere Wirklichkeit, ein Daseinssinn zuteil wird, eben dadurch, daß die Gegenstände und ihr Zusammenhang aus jenem übergegenständlichen Medium der Farbe überhaupt erst hervorgebracht werden.

[W. Hess, 1980, S. 122 ff.]

Cézanne arrangiert und malt ein Stilleben
An einem regnerischen Tag sah Louis Le Bail Cézanne zu, wie er für ein Stilleben auf einer Serviette Pfirsiche um ein fast geleertes Rotweinglas arrangierte. „Mit sicherem Gespür breitete er das Tuch ganz leicht gerafft auf dem Tisch aus", schilderte Le Bail die Situation später. „Dann ordnete Cézanne die Früchte so an, daß Farbkontraste entstanden und die Komplementärfarben vibrierten, grüne Töne gegen rote, Gelb gegen Blau. Er drehte die Früchte, lehnte sie aneinander und benutzte Ein- oder Zweisoustücke, um sie genau in die Position zu bringen, die er sich vorstellte. Mit Bedacht und größter Sorgfalt arbeitete er daran. Man spürte, daß dies ein Fest für seine Augen war."
Als es fertig war, erklärte Cézanne dem jungen Kollegen: „Die Hauptsache ist die Modellierung. Eigentlich sollte man es nicht modellieren, sondern modulieren nennen."
[...] Emile Bernard beschrieb, wie Cézanne ein Stilleben malte: „Er begann mit den Schatten und setzte einen Pinselstrich auf

die Leinwand. Dann legte er eine andere, größere Farbschicht darauf, dann eine dritte, bis schließlich alle aufgetragenen Töne zusammen eine Art dichtes Gewebe bildeten und den Gegenstand ganz aus der Farbe heraus modellierten." Um Bernard seine Arbeitsweise verständlich zu machen, riet Cézanne ihm, „leicht, mit fast neutralen Tönen anzufangen. Dann muß man in der Skala stetig vorangehen und die Chromatik immer enger legen." Anstatt während der Arbeit die einzelnen Töne anzumischen, bereitete Cézanne immer eine ganze Skala von Tonabstufungen auf der Palette vor. Cézannes Farbspektrum setzte sich nach Angaben Bernards und Aufzeichnungen in Cézannes Notizbüchern aus folgenden Tönen zusammen:

Gelb: Brillantgelb, Neapelgelb, Chromgelb, Ockergelb

Rot: Terra die Siena natürlich, Zinnoberrot, Roter Ocker, Terra die Siena gebrannt, Krapplack, Karminlack, Gebrannter Lack

Grün: Veronesegrün, Smaragdgrün, Grüne Erde

Blau: Kobaltblau, Ultramarin, Preußischblau

Schwarz: Kernschwarz

[J. Rewald, 1986, S. 228 ff.]

3.2.4 Das 20. Jahrhundert

In den „Notizen eines Malers" (1908) charakterisiert der junge Matisse seine Malerei als dekorative Ausdruckskunst. Für den 84jährigen (1953) fängt „schöpferisch sein", die Grundvoraussetzung für alle Kunst, schon beim Sehen an (AH Bild 24). Der Kubist Gris verlangt in einem Vortrag (1924) „Über die Möglichkeiten der Malerei" nach flächenhaften, farbigen Bildarchitekturen (AH Bild 27). Georges Braque, ein anderer Kubist, spricht davon, welche überragende Bedeutung das (Mal-)Material in seinen Bildern spielt (AH Bild 26). Die Collage (Abb. 24), ebenfalls eine „Erfindung" der Kubisten, ist – weit über diese Stilrichtung hinaus – bis in unsere Tage hinein von enormer Bedeutung. Sie wurde in der Photomontage, dem Materialbild und schließlich dem Materialobjekt weiterentwickelt; die beiden Letztgenannten können aber, da sie den zweidimensionalen Darstellungsbereich verlassen, nicht weiter verfolgt werden.

Ein frühes Stilleben von Morandi (Abb. 25) gehört der „Pittura metafisica" an, die den Surrealismus begründet und mit René Magrittes Stilleben wird die Vielfalt surrealistischer Bildmöglichkeiten angedeutet (Abb. 26).

Während der Surrealismus mehr auf Frankreich beschränkt blieb, malten Künstler wie Otto Dix (Abb 27) oder Julius Bissier in Deutschland vor dem zweiten Weltkrieg im Stil der Neuen Sachlichkeit. Bissier wurde erst später durch seine fast gegenstandslosen Bilder bekannt, die – in Andeutungen von Gefäßformen und ihrem poetischen Charakter – „stilles Leben" ausstrahlen (Abb. 29).

Die Stilleben des großen Einzelgängers Max Beckmann (Abb. 28) entziehen sich einer eindeutigen stilistischen Zuordnung, doch soviel ist sicher, daß sie auf heutige Kunstformen nicht ohne Einfluß sind (Abb. 30).

W. F. Haugs Text über „Warenästhetik: Schein-Befriedigung" setzt sich mit Bild und Inhalt der Werbung auseinander (AH Bild 33). Warhol reagiert auf diese „Ästhetik der Waren" in seinem zeichnerischen und malerischen Werk (AH Bild 30).

Henri Matisse: Notizen eines Malers

Was ich vor allem zu erreichen suche, ist der Ausdruck. [...]

Der Ausdruck steckt für mich [...] in der ganzen Anordnung meines Bildes: der Raum, den die Körper einnehmen, die leeren Partien um sie, die Proportionen: dies alles hat seinen Teil daran. Die Komposition ist die Kunst, in dekorativer Weise die verschiedenen Elemente anzuordnen, über die der Maler verfügt, um seine Gefühle auszudrükken. In einem Bilde muß jeder Teil sichtbar sein und die Rolle spielen, die ihm zukommt, sie sei hauptsächlich oder nebensächlich. Alles, was keinen Nutzen für das Gemälde hat, ist eben dadurch schädlich. Ein Werk umschließt eine Gesamtharmonie: Jedes überflüssige Detail würde im Geiste des Beschauers den Platz einnehmen, den ein andres, ein wesentliches Detail einnehmen sollte. [...]

Mein Traum ist eine Kunst voll Gleichgewicht, Reinheit, Ruhe ohne beunruhigende oder die Aufmerksamkeit beanspruchende Sujets, die für jeden geistig Arbeitenden, für den Künstler, ein Linderungsmittel ist, ein geistiges Beruhigungsmittel, etwas Ähnliches wie ein guter Lehnstuhl, der ihm von seiner physischen Ermattung Erholung gewährt. [H. Matisse, 1955(a), S. 12 ff.]

Henri Matisse: Man muß zeitlebens die Welt mit Kinderaugen sehen

Alles, was wir im täglichen Leben sehen, wird mehr oder weniger durch unsere erworbenen Gewohnheiten entstellt, und diese Tatsache ist in einer Zeit wie der unsrigen vielleicht in einer besonderen Weise spürbar, da wir vom Film, der Reklame und den illustrierten Zeitschriften mit einer Flut vorgefertigter Bilder überschwemmt werden, die sich hinsichtlich der Vision ungefähr so verhalten wie ein Vorurteil zu einer Erkenntnis. Die zur Befreiung von diesen Bildfabrikaten nötige Anstrengung verlangt einen gewissen Mut, und dieser Mut ist für den Künstler unentbehrlich, der alles so sehen muß, als ob er es zum ersten Mal sähe. Man muß zeitlebens so sehen können, wie man als Kind die Welt ansah, denn der Verlust dieses Sehvermögens bedeutet gleichzeitig den Verlust jedes originalen, das heißt persönlichen Ausdrucks.
[...]
Ein Kunstwerk ist also das Ergebnis eines langen Arbeitsprozesses. Der Künstler schöpft alle Möglichkeiten der Außenwelt, die seine innere Vision stärken können, restlos aus, und zwar direkt, wenn das Objekt, das er zeichnet, in dem Bild als solches vorkommen soll, oder sonst durch Analogie. Auf diese Art versetzt er sich in einen schöpferischen Zustand. Innerlich bereichert er sich mit allen Formen, denen er Meister wird, und die er eines Tages nach einem neuen Rhythmus anordnet. Erst wenn er diesem Rhythmus Ausdruck gibt, ist der Künstler wahrhaft schöpferisch tätig; der Weg dahin führt aber nicht über ein Anhäufen von Details, sondern über deren Bereinigung. Der Künstler muß zum Beispiel in der Zeichnung von allen möglichen die Linie wählen, die sich als ausdrucksvollste, als lebensträchtigste offenbart. Er muß die Äquivalente aufspüren, in denen sich die Gegebenheiten der Natur, in den Eigenbereich der Kunst übersetzt, wiederfinden. In der „Nature morte au magnolia" habe ich einen grünen Marmortisch rot wiedergegeben. Dies bewirkte, daß ich die Spiegelung der Sonne im Meer durch einen schwarzen Fleck ausdrücken mußte. Alle diese Übertragungen sind keineswegs als Produkt des Zufalls oder irgendwelcher Phantasien anzusehen. Sie sind vielmehr das Endergebnis einer Reihe von Untersuchungen, auf Grund derer sich diese Färbungen als notwendig erwiesen, um in Verbindung mit den anderen Bildelementen, den gewollten Eindruck zu erzielen. Die Farben und die Linien sind Kräfte, und in diesem Kräftespiel, in seinem Gleichgewicht, wohnt das Geheimnis der Schöpfung. [...]

[H. Matisse, 1955(b), S. 113 ff.]

Juan Gris: Über die Möglichkeiten der Malerei

Nur die ausgesprochen architektonischen Mittel sind konstant in der Malerei. Ich gehe weiter und sage, daß die einzige mögliche Maltechnik eine Art flächenhafte, farbige Architektur ist. [...]
Jede Form in einem Gemälde hat drei Funktionen zu erfüllen:
Sie muß entsprechen: dem Element, das sie darstellen soll, der Farbe, die in ihr enthalten ist, und den anderen Formen, die mit ihr gemeinsam die Totalität des Gemäldes ausmachen. Die erste Beobachtung, die sich bei der Betrachtung flächiger Formen aufdrängt, ist offenbar die, daß sie zwei primäre Eigenschaften besitzen: Ausdehnung und Formcharakter. Um es deutlicher auszudrücken: eine ausgesprochene Form, ein vollkommener Kreis zum Beispiel, wird stets – abgesehen von seiner Ausdehnung – den Charakter des Kreises behalten. Ein gleichschenkliges Dreieck wird als solches sich immer gleichbleiben, ungeachtet seiner Dimensionen. Eine Form hat stets einen Charakter und eine Ausdehnung.
Eine Farbe hat genau ebenso zwei primäre Eigenschaften: ihre Qualität und ihre Intensität, das heißt, ob sie rot, grün oder blau ist und in welchem Grade sie es ist. Ein Blau bleibt ein Blau, gleichviel ob es blaß oder tiefer ist. Man unterscheidet die Farbe und

ihren Ton. Dabei läßt sich von vornherein eine ursprüngliche Analogie einerseits zwischen dem Charakter einer Form und der in ihr enthaltenen Farbe wie andererseits zwischen ihrer Ausdehnung und ihrem Farbton beobachten. [...]
Ich kann mich noch so sehr anstrengen, das Viereck A sehr leuchtend als Farbton zu gestalten, es wird niemals so groß erscheinen wie das Viereck B, wenn der Ausdehnungsunterschied zwischen ihnen zu groß ist. Dagegen wird das Viereck C größer erscheinen als das Viereck D, wenn C leuchtender ist und beide gleich große Ausdehnung besitzen.
Eine andere Analogie, die sich hier unmittelbar anreihen läßt, ist die, daß es einerseits leuchtendere oder expansivere und andererseits düsterere oder konzentriertere Farben gibt. So sind auch bestimmte Formen expansiver als andere. Geradlinige Formen sind konzentrierter als krummlinige, die wiederum expansiver sind. Man kann sich keine expansivere Form als den Kreis und keine konzentriertere als das Dreieck denken. Diese beiden Formen würden dem leuchtendsten und dem tiefsten Ton der Palette entsprechen.
Dritte Analogie: Es gibt wärmere und kältere Farben. Diejenigen, die sich dem Kadmium nähern, sind wärmer als diejenigen, die sich von ihm entfernen, um sich dem Kobaltblau zu nähern. Es gibt auch mehr oder weniger kalte, wie mehr oder weniger warme Formen. Die Formen, welche sich geometrischen Figuren nähern, sind kälter als diejenigen, die sich von ihnen entfernen. Launenhafte und komplizierte Formen sind ohne Frage wärmer.
Wir können eine vierte Analogie feststellen, indem wir beobachten, daß es Farben gibt, die dichter sind und mehr Gewicht haben als andere. Die Erdfarben sind im allgemeinen dichter und schwerer als andere Farben. Es gibt auch Formen, die eine sehr stark markierte Schwergewichtsachse haben, und andere Formen, bei denen diese nur sehr schwach markiert ist. Die symmetrischen Formen haben hinsichtlich ihrer Schwergewichtsachse mehr Gewicht als die asymmetrischen und komplizierten Formen.
Die geometrischen Figuren und die einer Vertikalachse unterworfenen Formen haben größere Schwere als die Formen, deren Achse nicht markiert ist oder deren Achse nicht vertikal verläuft. Diese letzteren Formen haben teil an beiden Eigenschaften und korrespondieren sozusagen mit denjenigen Farben, die nicht dicht, aber auch nicht gerade leicht sind.
Eine fünfte Analogie wäre der mehr oder weniger hervortretende Unterschied zwischen zwei Farben, der vielleicht dem Unterschied zweier untereinander verschiedener Formen gleichwertig ist.
Wir sehen, daß alles dies die Basis einer Bildarchitektur abgeben könnte. Es wäre die Mathematik des Malers, und nur aufgrund dieser Mathematik kann die Komposition des Bildes entwickelt werden. Anders ausgedrückt: Nur aus dieser Architektur kann das Sujet, das heißt eine Anordnung durch diese Komposition ins Leben gerufener Wirklichkeitselemente erfolgen. [...]

[D.-H. Kahnweiler, 1968, S. 194 ff.]

Georges Braque: Mein Weg

Der Kubismus brach mit der Jahrhunderte alten Tradition der Renaissance. Er steht am Beginn der modernen Malerei. [...]
Die herkömmliche Perspektive befriedigte mich nicht. In ihrer Mechanisierung gibt sie nie den vollen Besitz der Dinge. Sie geht von einem einzigen Standpunkt aus und verläßt ihn nie. Aber der Standpunkt ist etwas ganz Kleines. Genau wie einer, der sein Leben lang Profile zeichnen und den Eindruck erwecken würde, der Mensch besitze nur ein Auge ... Sobald man das bedenkt, ändert sich alles, Sie können sich nicht vorstellen, in welchem Maße! ... Ganz besonders war ich von der Sichtbarmachung dieses neuen Raumes, den ich spürte, angezogen: eine Faszination, die zur Leitidee des Kubismus wurde. So begann ich, hauptsächlich Stilleben zu malen [...].
In jener Zeit (um 1910) malte ich häufig Musikinstrumente: erstens hatte ich viele um mich, und zweitens paßte ihre Form und ihr Volumen in den Bereich des Stillebens, wie ich es mir vorstellte. Ich war bereits auf dem Weg zum greifbaren, oder wie ich zu sagen pflege, handgreiflichen Raum, und das Musikinstrument hatte als Objekt die Besonderheit, daß es durch die Berührung belebt

werden konnte. Deshalb fühlte ich mich zu Musikinstrumenten besonders hingezogen, weit mehr als zu andern Objekten oder zur menschlichen Figur, die ganz andere Elemente in sich tragen. [...]
Und das war ein weiterer Grundstein für den Kubismus: die Reaktion gegen den Lokalton, aus der sowohl die Palette, mit der man malte, als auch der Farbauftrag, und später die Collagen entsprangen. [...] Was den Lokalton anbetrifft: Früher zeichnete man einen Gegenstand und damit hatte er auch bereits seine Farbe, nicht wahr? Aber jetzt merkten wir plötzlich, daß die Farbe unabhängig von der Form wirkt. Sie machen zum Beispiel hier einen gelben Fleck und auf der anderen Seite noch einen, und sofort ist eine Beziehung zwischen den beiden hergestellt. Die Farbe wirkt sozusagen wie die Musik. [...]
Ich wollte aus dem Farbauftrag eine Erscheinungsform des Stofflichen machen. Das sind Dinge, die man nach und nach entdeckt und die dann wieder neue Entdeckungen mit sich bringen. So führte ich später in meinen Bildern Sand, Sägmehl, Feilespäne ein ... Ich sah, wie sehr die Farbe vom Stofflichen abhängt. [...]
Dem Grund meiner Bilder schenke ich die größte Sorgfalt, denn auf dem Grund ruht der ganze Rest, er ist wie die Grundmauern eines Hauses. Ich habe mich von jeher viel mit dem Stoff beschäftigt und abgegeben; in der Technik liegt ebensoviel Empfindsamkeit wie im übrigen Bild. Ich rühre meine Farben selber an, ich reibe sie. Ich bin völlig davon überzeugt, daß es dazu den Künstler selbst braucht, um aus einer Sache das Maximum herauszuholen. Ich erinnere mich gut an das entsetzte Gesicht eines Farbenhändlers, als er erfuhr, nachdem er die Reibfeinheit seiner Farben gerühmt hatte, daß ich Sand dazutun wolle. Woher dieses Gefühl für die Farbmischung kommt, weiß ich selber nicht, es ist undefinierbar, ich mischmaschle. Ich arbeite mit dem Material und nicht mit Vorstellungen. Wenn ich manchmal bestimmte Stellen der Leinwand unbedeckt lasse, so deshalb, weil ich das Bild und nicht die Vorstellung lebendig machen will. Ich habe sogar einmal geschrieben: ‚Ein Bild ist fertig, wenn die Vorstellung sich auflöst...' Und in der Malerei spielt der Gegensatz zwischen den Stoffen ebenso eine Rolle wie der Gegensatz zwischen den Farben. Ich nütze alle Unterschiede des Materials aus, und so erhält die Farbe einen viel tieferen Sinn. Ich spiele auf den Unterschieden, und dadurch erreiche ich große Abwechslung. Mit einem Lack, also etwas Durchsichtigem, und Gelberde, etwas Undurchsichtigem, kann man genau so gut wie mit der Farbe einen Zusammenklang herstellen, das heißt eine Begegnung der Gegensätze herbeiführen. Was ist überhaupt die Farbe? Wenn man ‚rot' oder ‚grün' sagt, sagt man überhaupt nichts damit. Ein Lackrot ist etwas ganz anderes als ein Ockerrot, und das geht so unendlich weiter. Ja, was für ein Unterschied! ... Dazu kommen die Unterschiede in der Wirkung jeder Farbe. Schwarz war zum Beispiel nach den Impressionisten erst recht schwer einzusetzen, da sie diese Farbe völlig abgeschafft hatten ... Sie arbeiteten im Freien und malten überall Himmel. Und doch ist Schwarz eine sehr reiche Farbe. Ich bringe die Farbe überallhin, und jeder Fleck hängt vom Ganzen ab. So behandelt, wird die Farbe zu etwas Abstraktem. Ich brauche die Farbe als feststehende Form, um zu zeigen, daß sie außerhalb vom Objekt wirkt. Damit man aber nicht ins Dekorative gerät, das die Farbe losgelöst von allem einzufangen sucht, muß man der Natur nahe bleiben. Man darf ein Bild nicht ‚erdenken', wie es heute vielen unter den Jungen passiert. Man muß von den Dingen durchdrungen sein, man darf die Beziehung zu ihnen nie abbrechen, und man muß sie dann Bild werden lassen, wenn sie wollen. Man darf nichts erzwingen. [...]

[G. Braque, 1958, S. 11 ff.]

Georges Braque: Le Courrier

Im Frühjahr 1912 malte Picasso ein Stilleben, in dem er die Sitzfläche eines Stuhls nicht mit den Mitteln der Zeichnung und Malerei wiedergab, sondern durch ein Stück Wachstuch mit gedruckter Rohrgeflecht-Imitation, das er in das Bild einklebte. Damit hatte er das Verfahren der avantgardistischen Kunst um die Technik der Collage erweitert. Braque eignete sie sich wenige Monate später an, im September 1912, wobei er ausschließlich

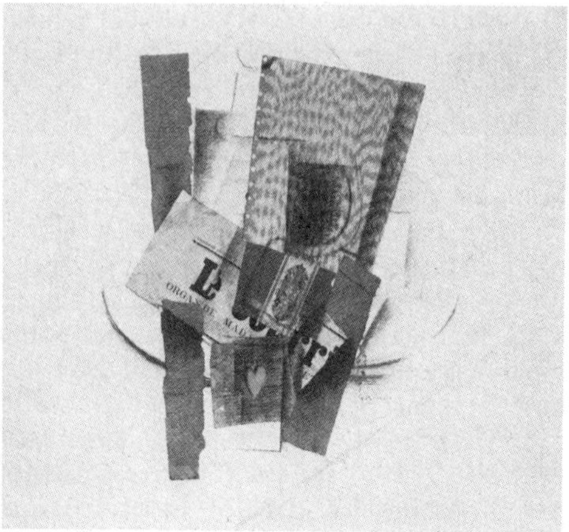

Abb. 24 Georges Braque: Le Courrier. 1913. Papier collé, Kohle auf Papier, 52 x 57 cm. Philadelphia (Pennsylvania), Museum of Art, A. E. Gallatin Collection

Papierstücke verwandte und so das „Papier collé" initiierte, die vom Kubismus in der Folgezeit bevorzugte Spielart der Collage. Im Fall von „Le Courrier" kombinierte Braque Stücke von gedruckter Holzimitation, Zeitungspapier und einer Zigarettenpackung mit sparsam andeutender Kohlezeichnung. Die Funktion der Papierstücke ist dabei mit kunstvollem Bedacht im Ambivalenten gehalten: Einerseits stützen und vervollständigen sie die Vorstellung des Gegenständlichen (Zeitung, Zigarettenpackung, Holz der Tischplatte), andererseits bewahrt ihr fächerförmiges Arrangement die Wirkung eines autonomen Formspiels.

[J. Langner, 1984, S. 182]

Giorgio de Chirico: Giorgio Morandi

Eine außerordentliche Verwirrung behindert heute den Fortschritt der Kunst. Die Qualität der Malerei, die den Erdball mit Strömen von fetten und öligen Farben überschwemmt, spottet jeder Beschreibung. Wohin man sieht: Scharlatanerie, Mangel an Verantwortungsgefühl, Banalitäten und eine schlecht gemischte Sensualität in Fülle. Was den Geist betrifft: Ihn suchst Du vergebens. Mit Freude und einer tröstlichen Hoffnung beobachte ich daher seit einigen Jahren einen Maler, der sich langsam und mühsam, aber stets zielbewußt entwickelt hat: Giorgio Morandi!

Er versucht, wieder von vorn anzufangen. Er reibt seine Farben mit eigener Hand, er präpariert seine Leinwände selbst. Er studiert die Dinge seiner Umwelt [...]. Er schaut das Stilleben auf seinem Tisch mit jenen Gefühlen, die das Herz des altgriechischen Wanderers rührten, wenn er die Wälder und Berge erblickte, die er für die Heimat der unendlich schönen Götter hielt.

Morandi sieht mit den Augen des Glaubens. Das Innere der Dinge, die wir tot nennen, weil sie sich nicht bewegen, geht ihm in einem anderen Licht auf: *Nell'aspetto suo eterno.*

Auf diese Weise hat er Teil an der Poesie der jüngsten europäischen Kunst, „der Metaphysik der einfachen Dinge", der Dinge, die uns aus Gewohnheit vertraut sind und die wir daher oft mit Augen erblicken, die sehen und die doch nichts verstehen. [...]

[G. de Chirico, 1973, S. 112]

Abb. 25 Giorgio Morandi: Metaphysisches Stilleben. 1918. Öl auf Leinwand, 71,5 x 61,5 cm. Leningrad, Staatliche Eremitage

René Magritte: Der gesunde Menschenverstand

Das reine Stilleben interessiert Magritte nicht. Wird aber zwischen Tisch und Stillebenmotiv ein Bilderrahmen geschoben, dann entsteht eben jene Irritation am Ge-

Abb. 26 René Magritte: „Le bon seus", (Der gesunde Menschenverstand). 1945/46. Öl a. Leinw., 48 x 78 cm. Brüssel, Mme. Jean Krebs

wohnten, die Magritte im Auge hat, denn plötzlich kann sich der Betrachter des Eindrucks nicht erwehren, daß das Stilleben aus dem Sekundärbild aufgestanden und Realität geworden sei, die es aber nicht ist, weil sich das ganze Geschehen auf der Ebene der Fiktion abspielt. Solche Bildideen sind keine willkürlichen Gags, sondern Ergebnisse systematischer Überlegungen zur Funktion und zur Möglichkeit von Abbildungen, von flächiger und illusionistischer Darstellung, von deren Wechselbeziehungen und von mehreren, durch Bilder im Bild erzeugten Realitätsebenen. [...]
Die Irritation ist beabsichtigt, ist geplant, ist vollkommen. „Die bildliche Erfahrung, die die reale Welt in Frage stellt", schreibt Magritte 1940 in „L'Invention collective", „bestärkt mich im Glauben an die Unendlichkeit der dem Leben noch unbekannten Möglichkeiten. Ich weiß, daß ich nicht allein bin, wenn ich behaupte, daß ihre Eroberung das einzige Ziel und der einzig gültige Grund für die Existenz des Menschen ist." In Frage stellen, „subversive Wirkung" (Magritte) ausüben, Bewußtsein wecken – das sind die Ziele der Pariser Surrealisten, das sind die Ziele Magrittes, die der Kunst zugetraut werden und um derentwillen solche Verrätselungen entworfen werden.

[U. M. Schneede, 1978, S. 61 ff.]

Otto Dix: Das Objekt ist das Primäre

Ein Schlagwort hat die letzten Jahre hindurch die schaffende Künstlergeneration bewegt. „Schafft neue Ausdrucksformen!" lautete die Parole. Ob das aber überhaupt

Abb. 27 Otto Dix: Stilleben mit Witwenschleier. 1925. Tempera auf Holz, 120 x 60 cm. Privatbesitz

möglich ist, erscheint mir durchaus zweifelhaft. Wenn man sich vor den Bildern alter Meister aufhält oder sich in das Studium dieser Schöpfungen vertieft, wird mir der eine oder der andere gewiß recht geben.
Jedenfalls liegt für mich das Neue in der Malerei in der Verbreiterung des Stoffgebietes, in einer Steigerung der eben bei den alten Meistern bereits im Kern vorhandenen Ausdrucksformen. Für mich bleibt jedenfalls das Objekt das Primäre, und die Form wird erst durch das Objekt gestaltet. Daher ist mir stets die Frage von größter Bedeutung gewesen, ob ich dem Ding, das ich sehe, möglichst

nahekomme, denn wichtiger als das Wie ist mir das Was! Erst aus dem Was entwickelt sich das Wie!

[O. Dix, 1969, S. 250 f.]

M. Beckmann: Stilleben

In der langen Reihe der Stilleben nimmt diese Fassung eine besondere Rolle ein, ist das Arrangement doch, verstärkt durch das Motiv des Spiegels, ins extreme Querformat genommen, sozusagen zum Bild im Bild gemacht. Zwei brennende Kerzen, eine umgefallene erloschene Kerze – das sind Motive, die nicht nur in den Stilleben des Barock an die Vergänglichkeit des Lebens mahnen. [...] Auch der Spiegel, der die Realität in die flüchtige Erscheinung auflöst, das Buch als Instrument geistiger Erkenntnis und der schwere Vorhang sind Vanitas-Symbole der früheren traditionellen Malerei. Einen eindeutigen Hinweis auf die Eitelkeit irdischen Treibens gibt das auf den Kopf gestellte Buch mit den Sternzeichen und der Aufschrift EWIGKEI(t). Doch über diese traditionell allegorische Lesbarkeit hinaus wird das ganze Stilleben zu einem Gleichnis unverwechselbar Beckmannscher Prägung. [...]

Abb. 28 Max Beckmann: Großes Stilleben mit Kerzen und Spiegel. 1930. Öl auf Leinwand, 72,5 x 140,5 cm. Karlsruhe, Staatliche Kunsthalle

Mit dem Faltenzug des Tuches, dem geballten Schwarz-Weiß und der hellgrünen Rükkenwand scheinen die Kerzen in den Spiegelraum zu wandern, der sich mit dem Vorhang wie eine Theaterbühne öffnet. Eingeschlossen in das grüne Geviert und in das Rotbraun wie auch die Schattenlinien der gerafften Stoffe findet der Kreislauf des Lebens statt, der mit dem Wort „Ewigkeit" benannt ist. [...]

Über dieses Thema der Vergänglichkeit hinaus ist das Bild jedoch noch mehr: eine Metapher zum Tun des Künstlers, der die Welt der Erscheinungen abbildet und dabei dem Geheimnis begegnet.

[M. Beckmann, 1984, S. 244]

Julius Bissier, Werke 1937–1965

Das ist – Bissiers Farbe: ein Grau, das kaum Blau enthält und zart in ein Magentarot und Violett übergeht. Dialoge zwischen Rosa und Beige, die einen fernen musslinweißen Grund einschließen, der wiederum kaum erkennbare Farbschatten enthält, dann wieder starke grüne, rote oder schwarze Akzente, die mit zarten Tönen zusammentreffen und durch ihren Kontrast ein Gefühl flüchtiger Schwebelosigkeit auslösen. Gold, das Bissier als neutrales, stabilisierendes Medium verwendet, ist oft mosaikartig aufgetragen und gibt seinen Bildern den Ausdruck von großer Kostbarkeit. Die getönten Gründe sind glatt, wirken durchsichtig, porös oder fest, opak oder metallen, sie sind aufnahmebereite Oberflächen mit der Fähigkeit, bedeutungsvoll mit dem Spiel der Farben zu verschmelzen. Die Einheit von Inhalt und Form, die Identität von Mittel und Bedeutung ist selten so selbstverständlich erreicht worden wie in Bissiers Werk. [...] Man würde sein Werk falsch interpretieren, wenn man meint, es sei gegenstandslos, abstrakt, denn die Anspielungen auf Objekte und Situationen – Anspielungen, die ihre Wurzeln im Erkennbaren und Erinnerten haben – sind ein Teil und Ganzes seines

Abb. 29 Julius Bissier: Dunkle Ampel 1962. Öltempera auf Leinwand, 17,1 x 21,6 cm. Düsseldorf, Kunstsammlung Nordrhein-Westfalen.

schöpferischen Denkens und seiner Bildwelt. Immer wieder finden wir – neben Objekten, Gefäßen aller Art, Frucht- und Pflanzenformen, transformierte Astralkörper, menschliche und animalische Bezüge. Das Gefäß – eine Flasche, ein Krug, eine Vase, eine Lampe oder eine Muschel – ist heil oder zerbrochen, es steht allein oder in einer Gruppe, ist besonders betont oder in Kontrast zu anderen gebracht, um so in seiner Eigenart hervorgehoben zu werden. Außen und innen sind oft genau bezeichnet, manchmal in vieldeutiger Beziehung zueinander gelassen [...], so daß ein endloses Spiel verzweigter und dialektischer Lösungen beginnt. [...]

[Th. M. Messer, 1970, o. S.]

Die neuen Wilden

Ab etwa 1970 ändert Lüpertz seine Bildthemen; und zum erstenmal gewinnt man den Eindruck, daß er sich auch für die Inhalte und den Bedeutungszusammenhang der Dinge selbst zu interessieren beginnt. Mit gleicher Intensität, mit der er zuvor die erfundenen Dinge gemalt hatte, malt er nun Seerosen, Weintrauben, kopulierende Schnecken und Malerpaletten. Doch noch immer hält er daran fest, die Dinge zu isolieren, sie als überdimensionierte Objekte vor einen abgerückten Hintergrund zu stellen, als wolle er jedes Ding zu einer Beschwörungsformel machen – Beschwörung und Feier des Gegenstands! Wie zur Bekräftigung des Dinges setzt er dasselbe Objekt oft dreimal nebeneinander, als wolle er durch die serielle Wiederholung den Gegenstand unnachgiebig gegenwärtig werden lassen: die große Wiederentdeckung der Dinge durch die Malerei!

Unter den unverdächtigen Objekten finden sich hingegen einige andere, die einen schweren Bedeutungsballast tragen – Stahlhelme, Arbeitsdienstschaufeln, die Kornähre und das Kornfeld und die Militärmütze. 1972 malte Lüpertz einen Landschaftsausschnitt mit Spaten, Stahlhelm und Ähre: Er nennt es „Deutsches Motiv". Unvermittelt kommt die symbolische Belastung der Dinge in den Blick. Die Dinge haben ihre Unschuld verloren. Und nun geht Lüpertz daran, indem er diese Dinge malt, ihnen die Unschuld zurückzugeben, sie von der Symbollast zu befreien. Es ist eine eigene Art von deutscher Vergangenheitsbewältigung, wie Lüpertz dem Stahlhelm die Bedeutungslast des Dritten Reichs entzieht und ihn zu einem Verweis nicht nur auf Krieg und Tod, sondern auf den menschlichen Kopf werden läßt, als stünde das Ding für den Menschen. Und auch die Ähre wird wieder unverdächtig, wird durch die Malerei „reingewaschen", wird wieder Natur.

Abb. 30 Markus Lüpertz: Schwarz-Rot-Gold, dithyrambisch I. 1974. Leinfarbe auf Leinwand, 260 x 197 cm. Privatbesitz.

Dann aber malt Lüpertz ein Bild (Abb. 30) – er malt es viermal –, in welchem er alle diese Symboldinge versammelt. Er stellt einen schwarzen Brustpanzer auf Räder und setzt den Stahlhelm obenauf; über dem Rücken liegen zwei Schaufeln, deren Stiele wie Gewehrmündungen hinter der Panzerbrust hervorkommen: ein antiker Trophäenwagen, auf dem die Gegenstände einer martialischen Welt wie eine Assemblage versammelt sind, um daraus das Ebenbild der menschlichen Gestalt zu formen. Das Bild heißt „Schwarz-Rot-Gold". Hier ist die Unschuld der Dinge nicht mehr gewollt, sondern die zusammengestellten Gegenstände werden zu einem neuen Symbolbild, verwandeln sich in ein fiktives Gebilde, zu einer erdichteten Figur, die gleichzeitig das Deutschland der Vergangenheit und der Gegenwart zusammenfaßt. Das goldfarbene Feld und die roten Panzerbiesen vereinigen sich mit dem Schwarz des Metalls, im Hintergrund ein zartblauer Himmel und Wasser unter dem Horizont, auf den ein Schwarm schwarzer Krähen zufliegt. Das sind Hinweise, die diese Landschaft noch öder werden lassen. Und doch auch enthält der getriebene Panzer mit dem Abdruck der Muskulatur das Leben. Eine Gestalt wird aus den Gegenständen aufgebaut, die das Dritte Reich zurückgelassen hat und die bis in die Gegenwart hinein ihre Rolle spielen: Schwarz-Rot-Gold!

Das Bild ist rätselhaft und doch auch direkt. Es enthält eine Aussage. Lüpertz hat den Schritt getan, die Gegenstände zu einer darstellenden Fiktion zu versammeln, also ein narratives Bild zu malen. Wenn auch der Inhalt vieldeutig bleibt, so kann doch keine Rede mehr sein von „bloßen Gegenständen". Was der absoluten Malerei der Moderne, sei es Tachismus, sei es Zero, nicht mehr aufgeladen worden war, ist mit diesem Bild zurückgekehrt: ein vergegenständlichter Inhalt, eine darstellende Absicht – Weltvermittlung.

[H. Klotz, 1984, S. 18 f]

Warenästhetik: Schein-Befriedigung

Der Schein, auf den man hereinfällt, ist wie ein Spiegel, in dem die Sehnsucht sich erblickt und für objektiv hält. Wo den Menschen, wie in der monopolkapitalistischen Gesellschaft, aus der Warenwelt eine Totalität von werbendem und unterhaltendem Schein entgegenkommt, geschieht, bei allem abscheulichen Betrug, etwas Merkwürdiges, in seiner Dynamik viel zu wenig Beachtetes. Es drängen sich nämlich an die Menschen unabsehbare Reihen von Bildern heran, die wie Spiegel sein wollen, einfühlsam, auf den Grund blickend, Geheimnisse an die Oberfläche holend und dort ausbreitend. In diesen Bildern werden den Menschen fortwährend unbefriedigte Seiten ihres Wesens aufgeschlagen. Der Schein dient sich an, als kündete er die Befriedigung an, er errät einen, liest einem die Wünsche von den Augen ab, bringt sie ans Licht auf der Oberfläche der Ware. Indem der Schein, in dem die Waren einherkommen, die Menschen ausdeutet, versieht er sie mit einer Sprache zur Ausdeutung ihrer selbst und der Welt. Eine andere, als die von den Waren gelieferte, steht schon bald nicht mehr zur Verfügung. Wie verhält, vor allem wie verändert sich jemand, der beständig mit einer Kollektion von Wunschbildern, die man ihm zuvor abspioniert hat, umdienert wird? Wie verändert sich jemand, der fortwährend erhält, was er wünscht – aber es nur als Schein erhält? Das Ideal der Warenästhetik wäre es, das zum Erscheinen zu bringen, was einem eingeht wie nichts, wovon man spricht, wonach man sich umdreht, was man nicht vergißt, was alle wollen, was man immer gewollt hat. Widerstandslos wird der Konsument bedient, sei es nach der Seite des Schärfsten, Sensationellsten, sei es nach der Seite des Anspruchslosesten, Bequemsten. Die Gier wird ebenso zuvorkommend bedient wie die Faulheit.

[W. F. Haug, 1978, S. 304 f.]

4 Glossar

Acryl, Acrylfarben. Wäßrige Dispersion von Polyacrylharzen. Im Aussehen den Ölfarben ähnlich.

Akademie, Gelehrten- oder Kunstschule. Die Bezeichnung geht auf einen dem Heros Akademos geweihten Hain bei Athen zurück. Hier gründete Platon 387 v. Chr. seine Akademie genannte Philosophenschule. In Rom wurde 1588 die „Accademia di S. Luca" gegründet und 1599 in eine Kunstschule umgewandelt mit den Fächern Perspektive, Anatomie, Historie u. a. Die wichtigste Akademie wurde die 1648 in Paris gegründete „Académie Royale de Peinture et de Sculpture". Doktrinäre Lehrmeinungen führten in den folgenden Jahrhunderten häufig zu heftigen Diskussionen; im 19. Jahrhundert fanden die Künstler meist im Protest gegen die Akademie ihren Weg und schlossen sich in selbständigen Gruppen zusammen.

Attribut. Das einer Person beigegebene, sie kennzeichnende Symbol. Solche Attribute können sein: ein Ding (Dreizack des Poseidon) oder ein lebendiges Wesen (Schwein des Antonius), Sinnbild einer Kraft (Feuer löschendes Wasser des Florian), Erinnerungszeichen an eine besondere Tat (Drache des Georg) u. a.

Bissier, Julius. Geboren 1893 in Freiburg im Breisgau, gestorben 1965 in Ascona. Nach dem Krieg (1914) malte er vorwiegend Landschaften im Stil der Neuen Sachlichkeit. 1929 erhielt er einen Lehrstuhl an der Universität Freiburg, wurde aber 1933 entlassen. Durch den Einfluß Willi Baumeisters und Oskar Schlemmers wendet er sich immer mehr der abstrakten Malerei zu.

Codex, Mehrzahl: **Codices.** Der handgeschriebene Codex trat in der Spätantike und im Mittelalter an die Stelle der Buchrolle.

Dispersionsfarben, auch **Binder(farben)** genannt, sind Anstrichstoffe, die aus flüssigen Kunstharz-Dispersionen und festen Pigmenten bestehen. Nach dem Trocknen ergeben sie einen festen, meist wasserunlöslichen Film.

Emblem. In der Renaissance entstand das Emblem als Verbindung von Bild und Text. Die Humanisten entwickelten diese bildliterarische Kunstform, die die Sinnbilder durch Zeichnungen, Holzschnitte oder Kupferstiche **(pictura)** mit einem Motto **(inscriptio)** und einer Unterschrift **(subscriptio)** wiedergaben.

Gauguin, Paul. Geboren: Paris 7. 6. 1848, gestorben: Atuona auf Hiva Oa (Marquesas-Inseln) 8. 5. 1903. Gauguin suchte ähnlich wie P. Cézanne und van Gogh die formauflösende Malerei des Impressionismus zu überwinden und erreichte neue Ausdruckswirkungen durch zeichnerisch gefestigte Flächengliederung und reine, in ihrer Leuchtkraft aufs äußerste gesteigerte Farben.

Genre, „Gattung", „Art", **Genrebild,** ist die Darstellung von Szenen aus dem alltäglichen Leben, in denen sich Menschen typisch verhalten für Situationen, Ort, Zeit, Gesellschaftsschicht, Beruf, Geschlecht und Lebensalter.

Historienmalerei. Malgattung, die geschichtliche Begebenheiten zum Bildgegenstand hat, diese veranschaulicht, oft auch glorifiziert. Kriegerische Auseinandersetzungen und große Taten von Herrschenden werden besonders häufig dargestellt. Thematische Grundlage des Historienbildes sind aber nicht nur zeitgenössische oder zurückliegende tatsächliche Ereignisse, sondern auch Überlieferung, Sage und Dichtung. Der Begriff der Historienmalerei (bzw. der Historie) wird bisweilen auch auf die Darstellung biblischer und mythologischer Themen ausgedehnt.

Houbraken, Arnold, niederländischer Kunstschriftsteller, Maler, Radierer. Geboren: Dordrecht 28. 3. 1660, gestorben: Amsterdam 14. 10. 1719. Er ist besonders durch sein Quellenwerk über die niederländischen Maler bekannt. „De groote schouburgh der Nederlandsche konstschilders en schilderessen", 3 Bde. (1718–21; Neuausgabe 1976).

Ikonographie. Sie befaßt sich mit der Erforschung und Deutung der Bildgegenstände zunächst der alten und mittelalterlichen christlichen Kunst, die einen ausgesprochen didaktischen Sinn hat und von theologischen Gedankenbildern getragen wird. Die Ikonographie beschäftigt sich heute sowohl mit den antikischen Themen der nachmittelalterlichen Zeit als auch mit profanen Gegenständen.

Ikonologie. Ursprünglich die wissenschaftliche Betrachtungsweise und Erklärung der Zusammenhänge von Inhalten in Werken der bildenden Kunst. Grundlage hierfür ist die Ikonographie, die die Einzelheiten erkennend beschreibt und inhaltlich erklärt. – Im heutigen Sprachgebrauch bezeichnet Ikonologie auch die übergeordnete Idee selbst, die sich aus den ikonographischen Einzelheiten eines Kunstwerkes ergibt (z. B. der Vanitas-Gedanke in einem Stilleben).

Illusionismus. Darstellungsweise in der Malerei, die eine täuschende Nachahmung der Wirklichkeit zu erreichen sucht. Mittels Perspektive, Farbgebung, Licht- und Schattenverteilung wird eine Plastizität der einzelnen Gegenstände, Körper und des Raums geschaffen, die eine dreidimensionale optische Wirkung auf einer zweidimensionalen Malfläche erzeugt. Seit der Antike galt der Illusionismus als besonderer Beweis künstlerischen Könnens und erlebte vor allem in der Kunst von Renaissance und Barock Höhepunkte.

Interieur. Das Innere, der Innenraum im Unterschied zum Freiraum. Zu einer besonderen Gattung wurde das Interieur durch die Niederländer des 17. Jahrhunderts.

Mauritshuis. Barockes Stadthaus in Den Haag (Niederlande) wurde 1633–44 erbaut. Es gilt heute als das Museum mit den bedeutendsten Sammlungen niederländischer Malerei und Skulptur des 14.–18. Jahrhunderts.

Mythologie, mythologisch. Sage und Dichtung von Göttern und Helden aus der Urzeit eines Volkes. Götterlehre. Besonders die griechische und römische Mythologie sind für Motive der bildenden Kunst des Abendlandes bedeutsam.

Naturalismus, naturalistisch, bedeutet detailgetreue Wiedergabe eines Vorbildes. Naturalismus wird oft als Synonym für Realismus, realistisch, im Sinne von real, wirklich, sachbezogen verwendet.

Parrhasios, Maler aus Ephesos, um 440–390 v. Chr. in Athen tätig; Naturtreue in der Wiedergabe, Feinheit der Umrißzeichnung und Ausgewogenheit des Stils sollen seine nicht erhaltenen Bilder ausgezeichnet haben.

Pleinairismus, Pleinairmalerei, Freilichtmalerei, Hellichtmalerei. Malerei im Freien, direkt vor dem Motiv im Gegensatz zur Ateliermalerei. Ihren Höhepunkt erreichte die Pleinairmalerei in der Malerei des französischen Impressionismus um 1870/90.

Salon. Besuchs- und Empfangsraum. König Ludwig XIV. (1643–1715) ordnete die Einrichtung regelmäßiger Kunstausstellungen („Salons“) für die Mitglieder der Königlichen Kunstakademie an. Die Salons entwikkelten sich zum Forum der im 18. Jahrhundert einsetzenden Kunstkritik. Sie waren Schauplatz von Richtungskämpfen und Auseinandersetzungen über einzelne Werke.
Die in den Salons der Akademien des späten 19. und frühen 20. Jahrhunderts ausgestellten, den offiziell geförderten bürgerlichen Geschmack repräsentierenden Bilder wurden **Salonmalerei** genannt.

Siebdruck, Serigraphie (Durchdruck). Druckverfahren durch ein feinmaschiges Sieb (Textil, Draht, Nylon), wobei die Druckform durch Abdeckung (Schablone) erreicht wird.

Symbol. Durch das Symbol wird, im Gegensatz zur Allegorie, die einen abstrakten Begriff veranschaulicht, ein Zeichen gesetzt, das stellvertretend für größere gedankliche Zusammenhänge steht. Deutlichstes Beispiel hierfür ist das Kreuz als Symbol nicht nur für den Kreuzestod Christi, sondern für den christlichen Glaubensinhalt insgesamt.

Tachismus. In Paris entstandene Richtung der Kunst nach dem Zweiten Weltkrieg. Die Tachisten suchten seelische Regungen unmittelbar in Farbflecken (französisch: taches = „Fleck“) auszudrücken und lehnten bewußte Formgestaltung ab.

Verismus. Eine extrem naturalistische Darstellungsweise, die häufig Sozialkritik übt.

Virtuosität. Vollendete Beherrschung der Technik, meisterhaftes Können.

Zeuxis, griechischer Maler, Anfang 4. Jahrhundert v. Chr. in Athen tätig, wegen der Vervollkommnung der von Apollodoros angebahnten illusionistischen Schattenmalerei geschätzt. Keines seiner Werke ist erhalten.

5 Literaturverzeichnis

G. Adriani: Deutsche Malerei im 17. Jahrhundert, Köln 1977

M. W. Alpatow: Matisse, Moskau 1969

K. Arndt: Hugo van der Goes. Der Portinari-Altar, Stuttgart 1965

Amsterdam, Rijksmuseum: All the Paintings of the Rijksmuseum in Amsterdam. A Completely Illustrated Catalogue, bearb. von Pieter J. J. van Thiel u. a., Amsterdam 1976

F. Anzelewsky: Albrecht Dürer. Werk und Wirkung, Stuttgart 1980

E. Badelt: Das Stilleben als bürgerliches Bildthema und seine Entwicklung von den Anfängen bis zur Gegenwart. München 1938

Baden-Baden: Juan Gris. Ausstellungskatalog, Baden-Baden 1974

I. Bartsch: Stilleben und Avantgarde. In: Münster/Baden-Baden: Stilleben in Europa. Ausstellungskatalog, Münster/Baden-Baden 1980, S. 516 f.

Basel, Öffentliche Kunstsammlung: Ausstellungskatalog, Basel 1961

Basel, Galerie Beyeler: Der stille Dialog. Das Stilleben im 20. Jahrhundert, bearb. von Reinhold Hohl, Basel 1978

M. Battersby: Trompe-l'œil. The eye deceived, London 1974

Max Beckmann: Retrospektive, München 1984, S. 244

L. Behling: Die Pflanze in der mittelalterlichen Tafelmalerei, Weimar 1957

E. Bénézit: Dictionnaire critique et documentaire des peintres, 7 Bde., Paris 1948 ff.

Bergamo, Galleria Lorenzelli: Natura in Posa. Ausstellungskatalog, bearb. von F. Bologna, Bergamo 1968

I. Bergström: Disguised Symbolism in „Madonna" Pictures and Still-Life. In: The Burlington Magazine, 97 (1955), S. 303–308 und 342–349

I. Bergström: Dutch Still-Life Painting in the Seventeenth Century, London/New York 1956

I. Bergström, Maestros espanoles de bodegones y floreros del siglo XVII, Madrid 1970

I. Bergström u. a.: Stilleben. Die große Zeit des europäischen Stillebens, Stuttgart/Zürich 1979, S. 14 f., 24 f., 28 ff., 32

Berlin, Staatliche Museen, Preußischer Kulturbesitz, Gemäldegalerie: Katalog der ausgestellten Gemälde des 13.–18. Jahrhunderts, Berlin-Dahlem 1975

W. Bernt: Die Niederländischen Maler im 17. Jahrhundert, 3 Bde., München 1969

H. Bertram: Stillebenbilder der Kunsthalle Hamburg, Hamburg 1983

W. Bode: Das holländische Stilleben. In: Die graphischen Künste, Bd. II, Berlin/Wien 1888

L. J. Bol: The Bosschaert dynasty, painters of flowers and fruit, Leigh-on-Sea 1960

L. J. Bol: Holländische Maler des 17. Jahrhunderts nahe den großen Meistern. Landschaften und Stilleben, Braunschweig 1969

G. Braque: Mein Weg (1954). In: G. Braque: Vom Geheimnis der Kunst. Gesammelte Schriften, Zürich 1958, S. 11 ff.

Braunschweig, Herzog-Anton-Ulrich-Museum: Die Sprache der Bilder. Realität und Bedeutung in der niederländischen Malerei des 17. Jahrhunderts. Ausstellungskatalog, bearb. von R. Klessmann, W. J. Müller und K. Renger, Braunschweig 1978

Braunschweig: Niederländische Stilleben von Brueghel bis van Gogh. Ausstellungskatalog, Amsterdam/Braunschweig 1983

Bremen, Kunsthalle: Das Stilleben. Beispiele aus dem Besitz der Kunsthalle Bremen. Ausstellungskatalog, Bremen 1978

G. de Chirico, in: W. Schmid: Wir Metaphysiker. Gesammelte Schriften, Berlin 1973, S. 112

J. M. Croisille: Les Natures mortes campaniennes, Brüssel 1965

P. Daix/J. Rosselet: Le Cubisme de Picasso. Catalogue raisonné de l'œuvre peint (1907–1916), Neuchâtel 1969

O. Dix, in: W. Schmied: Neue Sachlichkeit und Magischer Realismus in Deutschland 1918–1933, Hannover 1969, S. 250 f.

Dortmund, Museum am Ostwall: Juan Gris. Ausstellungskatalog, Dortmund 1965

Dresden, Staatliche Kunstsammlungen: Das Stilleben und sein Gegenstand. Ausstel-

lungskatalog, Dresden 1983
Düsseldorf, Kunstverein für die Rheinlande und Westfalen: Julius Bissier. Werke 1937–1965. Ausstellungskatalog, Düsseldorf 1970
I. Elles: Das Stilleben in der französischen Malerei des 19. Jahrhunderts, Zürich 1958
F. Erpel: Als Mensch unter Menschen. Vincent van Gogh in seinen Briefen an den Bruder Theo, München/Wien 1980, Bd. 2, S. 78 ff.
F. Erpel: Vincent van Gogh. Sämtliche Briefe, Bornheim-Merlen 1985, Bd. 5, S. 287
M. Faré: La nature morte en France, Genf 1962
M. Faré: Le grand siècle de la nature morte en France. Le XVIIe siècle, Freiburg 1974
M. Faré: La vie silencieuse en France. La nature morte au XVIIIe siècle, Freiburg 1976
O. H. Förster: Die Meisterwerke der alten Kölner Malerschule im Wallraf-Richartz-Museum Köln, Köln 1964
M. J. Friedländer: Hugo van der Goes, Brüssel 1969
J. A. Gaya-Nuno: Juan Gris, Barcelona 1974
H. E. van Gelder: W. C. Heda, A. van Beyeren, W. Kalf, Amsterdam 1941
Gent, Musée des Beaux-Arts: Fleurs et jardins dans l'art flamand. Ausstellungskatalog, Gent 1960
Gregor der Große (um 600) in einem Brief an den Bischof Serenus von Marseille. In: C. L. H. Nibbrig: Ästhetik, Frankfurt a. M. 1978, S. 47.
E. Greindl: Les Peintres flamands de nature morte au XVIIe siècle, Brüssel 1956
L. Grisebach: Willem Kalf, Berlin 1975
G. Haase: Möbel und Glas. Ihre Beziehungen zur Stillebenmalerei. In: Das Stilleben und sein Gegenstand. Ausstellungskatalog, Dresden 1983, S. 173 f.
M. L. Hairs: Les peintres flamands de fleurs au XVIIe siècle, Paris/Brüssel 1955
Hamburg, Kunsthalle: Gustave Courbet und Deutschland. Ausstellungskatalog, Hamburg 1978
Hamburg, Kunsthalle: Goya, das Zeitalter der Revolution, 1789–1830. Ausstellungskatalog, Hamburg 1980/81
Hamburg, Kunsthalle: Berlin & mehr. K. H. Hödicke. Ausstellungskatalog, Hamburg 1984
W. F. Haug: Warenästhetik: Schein-Befriedigung. In: C. L. H. Nibbrig: Ästhetik, Frankfurt a. M. 1978, S. 304 f.
J. Held: Francisco de Goya in Selbstzeugnissen und Bilddokumenten, Reinbek 1980
A. Henkel/A. Schöne (Hrsg.): Emblemata. Handbuch zur Sinnbildkunst des 16. und 17. Jahrhunderts. Stuttgart 1967, 1976
K. Herding: Realismus als Widerspruch. Die Wirklichkeit in Courbets Malerei, Frankfurt a. M. 1978 S. 27 f., 30 f.
W. Hess: Paul Cézanne. Über die Kunst, Mittenwald 1980, S. 122 f.
H. Hibbard: Caravaggio, London 1982
K. L. Hofmann u. a.: Stilleben aus vier Jahrhunderten, Karlsruhe 1985, S. 48 f.
W. Hofmann: Adolph Menzel. Atelierwand. In: Museum, 2/1977, Braunschweig 1977, S. 60 f.
Hugo von St. Viktor: Expositio in hierarchiam. In: C. L. H. Nibbrig: Ästhetik, Frankfurt a. M. 1978 (a), S. 52
Hugo von St. Viktor: Eruditiones didascalicae. In: C. L. H. Nibbrig: Ästhetik, Frankfurt a. M. 1978 (b), S. 53
J. Huizinga: Holländische Kultur des 17. Jahrhunderts. Ihre Grundlagen und nationale Eigenart, Jena 1933
W. Hütt: Deutsche Malerei und Graphik der frühbürgerlichen Revolution, Leipzig 1973
D.-H. Kahnweiler: Juan Gris – Leben und Werk, Stuttgart 1968, S. 194 ff.
R. Kahsnitz: Das Goldene Evangelienbuch von Echternach. Kommentarband zur Faksimileausgabe. Frankfurt a. M./Stuttgart 1982
Karlsruhe: Karl Hubbuch 1891–1979. Ausstellungskatalog, Karlsruhe 1981
T. D. Kaufmann: Arcimboldo au Louvre. In: Revue du Louvre, XXVII (1977), S. 337–342
H. Klotz: Die Neuen Wilden in Berlin, Stuttgart 1984, S. 18 f.
Köln: Stilleben – Natura morta im Wallraf-Richartz-Museum und im Museum Ludwig. Ausstellungskatalog, Köln 1980
F. Koreny: Albrecht Dürer und die Tier- und Pflanzenstudien der Renaissance. Ausstellungskatalog. Graphische Sammlung

Albertina (Wien 1985), München 1985, S. 13 f.
D. Kreidl: Die religiöse Malerei Pieter Aertsens als Grundlage seiner künstlerischen Entwicklung. In: Jahrbuch der Kunsthistorischen Sammlungen in Wien, Bd. 68, N. F. XXXII (1972), S. 43–108
J. I. Kusnezow: Der Sozialgehalt des Stillebens. In: Das Stilleben und sein Gegenstand. Ausstellungskatalog, Dresden 1983, S. 25 ff.
G. Langemeyer: Gemälde des 17. Jahrhunderts. Bildheft des Westfälischen Landesmuseums für Kunst und Kulturgeschichte, Münster 1975, S. 8, 15 f.
J. Langner: „Le Courrier“. In: G. C. Argan: Die Kunst des 20. Jahrhunderts, 1880–1940, Frankfurt a. M./Berlin/Wien 1984, S. 182
J. Lauts: Stilleben alter Meister I: Niederländer und Deutsche, Karlsruhe 1969
J. Lauts: Stilleben alter Meister II: Franzosen, Karlsruhe 1970
V. von Loga: Die Malerei in Spanien vom XIV.–XVIII. Jahrhundert, Berlin 1923
G. de Logu: Natura morta italiana, Bergamo 1962
A. und B. Maiuri: Das Nationalmuseum in Neapel, München 1958, S. 130
Manet 1832–1883. Ausstellungskatalog, Berlin 1984 (Paris 1983)
H. Matisse: Notizen eines Malers (1908). In: H. Matisse: Farbe und Gleichnis. Gesammelte Schriften, Zürich 1955 (a), S. 12 ff.
H. Matisse: Man muß zeitlebens die Welt mit Kinderaugen sehen (1953). In: H. Matisse (s. o.), Zürich 1955 (b), S. 113 ff.
A. Mayer-Meintschel: Die Welt auf einem Tisch. Das Stilleben und sein Gegenstand. In: Das Stilleben und sein Gegenstand. Ausstellungskatalog, Dresden 1983
Th. M. Messer: Julius Bissier. In: Düsseldorf: Kunstverein für die Rheinlande und Westfalen: Julius Bissier. Werke 1937–1965. Ausstellungskatalog, Düsseldorf 1970, o. S.
A. P. de Mirimonde: Les œuvres francaises à sujet de musique au Musée du Louvre. In: Revue du Louvre, XV (1965), S. 51–58
A. P. de Mirimonde: Les peintres flamands de trompe-l'œil.. au XVIIe siècle. In: Jaarboek van het Koningklijk Museum voor Schone Kunsten (1971), S. 223–272
P. Mitchell: European Flower Painters, London 1973
L. L. Möller: Georg Hintz' Kunstschrank-Bilder und der Meister der großen Elfenbeinpokale. In: Jahrbuch der Hamburger Kunstsammlungen, Bd. 8, Hamburg 1963
K. P. F. Moxey: Pieter Aertsen, Joachim Beuckelaer and the rise of secular painting in the context of the reformation, New York 1977
W. J. Müller: Der Maler Georg Flegel und die Anfänge des Stillebens, Frankfurt 1956
Münster, Westfälisches Landesmuseum für Kunst und Kulturgeschichte: Auswahlkatalog, Münster 1968
Münster/Baden-Baden: Stilleben in Europa. Ausstellungskatalog, Münster/Baden-Baden 1979/80
New York, Museum of Modern Art: Pablo Picasso. Retrospektive. Ausstellungskatalog, München 1980
C. L. H. Nibbrig: Ästhetik. Materialien zu ihrer Geschichte. Ein Lesebuch, Frankfurt a. M. 1978
C. Nordenfalk: Van Gogh and literature. In: Journal of Warburg and Courtauld Institutes, Bd. 10, London 1947
Nürnberg, Germanisches Nationalmuseum: Albrecht Dürer. Ausstellungskatalog, Nürnberg 1971
Paris, Orangerie: La nature morte de l'antiquité à nos jours. Ausstellungskatalog, bearb. von Charles Sterling, Paris 1952
Paris, Musée du Petit Palais: Le Siècle de Rembrandt. Ausstellungskatalog, Paris 1970
Paris, Musée du Louvre: Catalogue illustré des Peintures. Ecole française XVIIe, XVIIIe siècles, 2 Bde., bearb. von P. Rosenberg, N. Reynand und I. Complin, Paris 1974
Paris, Grand Palais: Chardin. 1699–1779. Ausstellungskatalog, bearb. von P. Rosenberg unter Mitarbeit von S. Savina, Paris 1979
Paris: Œuvres de Henri Matisse (1869–1954). Ausstellungskatalog, Paris 1979
Paris, Musée du Petit Palais: Peintres de fleurs en France du XVIIe au XIXe siècles. Ausstellungskatalog, Paris 1979
S. H. Pavière: A Dictionary of Flower, Fruit

and Stillife Painters, Leigh-on-Sea 1962
P. Pieper: Ludger tom Ring d. J. und die Anfänge des Stillebens. In: Münchener Jahrbuch der bildenden Kunst, N. F. (1964), S. 113–122
P. Pieper: Das Blumenbukett. In: Münster/Baden-Baden: Stilleben in Europa. Ausstellungskatalog, Münster/Baden-Baden 1979/80, S. 314 ff.
A. Pieyre de Mandiargues: Das Wunder Arcimboldo, Köln 1978
E. Plietzsch: Holländische und flämische Maler des 17. Jahrhunderts, Leipzig 1960
C. Plinius Secundus d. Ä.: Naturalis historiae XXXV, München 1978, S. 55
M. Raphael: Raumgestaltungen. Der Beginn der modernen Kunst im Kubismus und im Werk Georges Braques, Frankfurt a. M. 1985
J. Rewald: Paul Cézanne. Briefe, Zürich 1962, S. 243
J. Rewald: Cézanne. Biographie, Köln 1986, S. 228 ff.
T. Riewerts/P. Pieper: Die Maler tom Ring, München/Berlin 1955
H. Robels: Frans Snyders' Entwicklung als Stillebenmaler. In: Wallraf-Richartz-Jahrbuch, 31 (1969), S. 43–94
Rotterdam, Museum Boymans van Beuningen: Old paintings 1400–1900, Rotterdam 1972
G. Schmidt: Juan Gris und die Geschichte des Kubismus, Baden-Baden 1957
G. Schmidt: Kleine Geschichte der Modernen Malerei, Basel [11]1977
W. Schmied: Neue Sachlichkeit und Magischer Realismus in Deutschland 1918–1933, Hannover 1969
U. M. Schneede: René Magritte, Leben und Werke, Köln [3]1978
P. Schneider: Matisse, München 1984
P.-K. Schuster, in: Hamburg: Courbet und Deutschland. Ausstellungskatalog, Hamburg/Frankfurt 1978/79, S. 311 f.
Sindelfingen, Galerie der Stadt: Norbert Stockhus und seine Bilder. Ausstellungskatalog, Sindelfingen 1980
Staatliche Kunsthalle Karlsruhe: Eine Einführung in unsere niederländische Abteilung: Von der Spaltung des Glaubens bis zur Teilung des Landes, Karlsruhe 1983 (a), o. S.
Staatliche Kunsthalle Karlsruhe (s. o.): Land und Leute, Karlsruhe 1983 (b), o. S.
Staatliche Kunsthalle Karlsruhe (s. o.): Einiges über den Geschmack, das Sammeln und den Handel mit Bildern, Karlsruhe 1983 (c), o. S.
Staatliche Kunsthalle Karlsruhe (s. o.): Das Stilleben, Karlsruhe 1983 (d), o. S.
E. Steingräber: Neue Pinakothek München. Erläuterungen zu den ausgestellten Werken, München 1982, S. 113 f.
Ch. Sterling: La Nature morte de L'Antiquité á nos Jours, Paris 1959
C. Sterling: Still Life Painting from Antiquity to the Twentieth Century, New York [2]1981
Stuttgart, Württembergischer Kunstverein: Naturbetrachtung – Naturverfremdung. Ausstellungskatalog, Stuttgart 1977
Suger von Saint-Denis. In: C. L. H. Nibbrig: Ästhetik, Frankfurt a. M. 1978, S. 51
U. Thieme/F. Becker: Allgemeines Lexikon der bildenden Künstler von der Antike bis zur Gegenwart, 37 Bde., Leipzig 1907–1950
L. Vitali: Giorgio Morandi Pittore, Mailand 1965
M. Vitruvius Pollio: Über die Baukunst, Essen 1938, 6. Buch, 7. Kapitel, Absatz 4
N. R. A. Vroom: De schilders van het Monochrome Banketje, Amsterdam 1945
Wien, Kunsthistorisches Museum: Verzeichnis der Gemälde, bearb. von Klaus Dennis, Wien 1973
Georges Wildenstein: Chardin, Zürich 1963
F. Winkler: Das Werk Hugo van der Goes, Berlin 1964
C. Zervos: Pablo Picasso. Catalogue raisonné illustré, Paris 1932
Zürich, Kunsthaus: Das Italienische Stilleben. Ausstellungskatalog bearb. von E. Hüttinger, Zürich 1964/65
Zürich, Kunsthaus: Andy Warhol. Ausstellungskatalog, Bern 1978

Biographien und *Glossar* stützen sich auf folgende Quellen:
Der Kunst-Brockhaus
Duden-Fremdwörterbuch
Glossar, Alte Pinakothek München